D1674450

Sieglinde Ruf • Ralf Stieber (Hg.)

Werte sehen – stiften gehen

Mit Stiftungen Gemeinde gestalten

Beiträge von Michael Nüchtern, Sieglinde Ruf, Walter Moch,
Bernd Beyer, Stefan Werner, Sr. Mirjam Zahn,
Wolfgang Grieshammer und Kai W. Dörfner

Bibliografische Information Der Deutschen Bibliothek

Die Deutsche Bibliothek verzeichnet diese Publikation in der Deutschen Nationalbibliografie; detaillierte biografische Daten sind im Internet über http://dnb.ddb.de abrufbar.

Herrenalber Protokolle 🏠

Schriftenreihe der Evangelischen Akademie Baden
Band 118 (1. Auflage 2005)

© Evangelische Akademie Baden
Herausgeber der Reihe: Evangelische Akademie Baden,
Blumenstr. 1-7, D-76133 Karlsruhe
[Postfach 2269, D-76010 Karlsruhe]
Redaktion: Ralf Stieber, Sieglinde Ruf
Satz: Gabi Höhn
Titelgrafik: „Dominosteine" (R. Stieber)
Druck: grube & speck, Karlsruhe

Gedruckt auf Recyclingpapier aus 100 %
Altpapieranteilen ohne optische Aufheller

ISBN 3-89674-121-7
ISSN 0934-6007

Inhalt

Vorwort

Das seit Anfang 2000 gültige neue Stiftungsrecht hatte einen Stiftungsboom in Deutschland zur Folge, über 800 neue Stiftungen entstehen zurzeit
jährlich. Seitens der Bundesregierung wurde diese Entwicklung schon bald
wie folgt kommentiert: „Die großzügig bemessenen neuen Steuervorteile
lassen es auch für breite Schichten der Bevölkerung interessant werden,
ernsthaft darüber nachzudenken, ‚Stiften zu gehen'". Stiften sei nicht mehr
nur ein Privileg von Reichen (11.3.2001).

Die Renaissance der Stiftungsidee hat mit der Erkenntnis zu tun, dass der
Staat nicht alles regeln, geschweige denn finanzieren kann. Joachim Fest,
langjähriger Mitherausgeber der FAZ, zeigt in seinem Buch „Die großen
Stifter" die Entwicklung hin zu einem Staat auf, der immer mehr Aufgaben
an sich gezogen hat, die bis dahin dem Gemeinsinn oder der karitativen
Barmherzigkeit überantwortet waren. Fest hält es für notwendig, die Leis-
tungen des Staates wieder auf ein sinnvolles Maß zurückzuführen und
fragt, ob in der Bürgerbeteiligung, auf die das moderne Stiftungswesen
hindränge, „nicht sogar eine generelle Botschaft liegt" (1997).

Die Botschaft scheint angekommen zu sein. Bundespräsident Horst Köhler
sagte in seiner Rede auf der Jahrestagung „Zum Wandel ermutigen – Stiftungen als Innovationskraft" des Bundesverbandes Deutscher Stiftungen
(13.5.2005): „Zu stiften [...] ist gelebter Ausdruck der Wertorientierung
unserer freien Gesellschaft: Verantwortung und Eigeninitiative; Nächsten-
liebe, Hilfsbereitschaft und Gemeinsinn; Neugierde und der Drang, etwas
zu verbessern; Stifter sind Vorbilder, weil sie handeln. So unterschiedlich
die Zwecke auch sind – eines liegt allen Stiftungen zugrunde: Sie werden
von Menschen gegründet, die etwas bewegen wollen."

Das gilt nicht zuletzt auch für Stiftende im Raum der Kirchen – kirchliche
Stiftungen gehören zu den zahlenmäßig häufigsten, traditionsreichsten und
ältesten Einrichtungen (etwa die Stiftung Heilig-Geist-Spital, Lindau, um
840). So muss im Hinblick auf kirchliche Stiftungen Hölderlins Wort „Was
aber bleibt, stiften die Dichter" zumindest relativiert werden. Denn eines
ist diesen Stiftungen gemeinsam: „Die Stifter und Stifterinnen lassen sich
von christlichen Grundsätzen leiten und wollen mit dem eigenen Vermögen etwas Bleibendes, Dauerhaftes, auf Ewigkeit ausgerichtetes hinterlassen. Der Ewigkeitsaspekt ist eines der wichtigen Merkmale und vielleicht

auch das Erfolgsgeheimnis der Stiftung, nicht nur der kirchlichen: Der Stifterwille und der Stiftungszweck sollen möglichst dauerhaft (ewig) erfüllt werden." (vgl. den Beitrag von Bernadette Schweda über kirchliche Stiftungen in: Aus Politik und Zeitgeschichte, Nr. 33-34, 2003).

Erste Schritte hin zur „gestifteten Ewigkeit" wurden in Bad Herrenalb in dem Seminar „Werte sehen – stiften gehen" deutlich. Die Seminarbeiträge, die theologische, rechtliche und finanzielle Aspekte stifterischen Handelns ins Blickfeld rückten, sind in diesem Band dokumentiert. Der Beitrag von Günter Breitenbach über das zukunftsweisende Modell der Bürgerstiftungen (vgl. www.buergerstiftung-wue.de) liegt uns leider nicht schriftlich vor, ebenso das Beispiel von Wolf Dieffenbach über Möglichkeiten der Vernetzung von Stiftungen (vgl. www.stuttgart.de/stiftungen). Der Band konnte jedoch um einen Beitrag von Kai W. Dörfner ergänzt werden, in dem er die wesentlichen Schritte hin zu einer erfolgreichen Stiftungsgründung darstellt.

Wir wünschen Ihnen eine anregende Lektüre und hoffen Wege aufzuzeigen, wie Stiftungen funktionieren und welche Chancen sie gerade für Kirchengemeinden bieten.

Karlsruhe, Juli 2005

Sieglinde Ruf
Beauftragte für Fundraising
Evangelische Landeskirche in Baden

Ralf Stieber
Öffentlichkeitsarbeit
Evangelische Akademie Baden

Stiftung und Stiften

Praktisch-theologische und kirchentheoretische Überlegungen [1]

Michael Nüchtern

Das Thema Stiften hat mehrere Dimensionen. Die eine ist eine pragmatische. Hierbei geht es um Informationen und Erfahrungen zu der praktischen Seite der Erschließung neuer Finanzmittel. Was ist rechtlich zu beachten? Wo gibt es positive Erfahrungen? Wie habt ihr geworben, wen habt ihr angesprochen, welche Wege seid ihr gegangen, die sich als Irrwege herausgestellt haben? Tipps und Austausch zu solchen praktischen Fragen spielen sich sozusagen auf der Vorderbühne unseres Themas ab.

Jedes neue Thema – und Stiftungen und die Erschließung neuer Finanzquellen gehört gewiss dazu – hat aber auch sozusagen eine Hinterbühne. Was hier abläuft, tritt nicht sogleich in Erscheinung. Aber es ist gleichwohl für das Spiel sehr wichtig. Auf der Hinterbühne sind gesellschaftliche Entwicklungen, Trends, Interessen und organisatorische Strukturen wirksam. Der – gewiss nur fragmentarischen – Erhellung der Hintergründe des Themas Stiftungen und Stiften in der Kirche gelten die folgenden Überlegungen. Ich gliedere sie in drei Teile

1. Wie sehen Stifter aus? Oder: Vom verdienstlichen Werk zum Wunsch, über sich selbst zu bestimmen.

2. Wie sehen Stiftungen aus? Oder: Von den Vorlieben der Leitungsorgane zum Marktgemäßen.

3. Wie sieht eine Kirche mit Stiftungen aus? Hier habe ich nicht nur einen Untertitel, sondern gleich vier:

   - Vom Haben zum Empfangen

   - Auf dem Weg zu einer neuen Form von Beteiligungskirche

   - Von der Mittelverteilung zur Mittelerschließung

   - Vom Prinzip der Gleichmäßigkeit zur Schwerpunktsetzung.

---

[1] Der Stil des mündlichen Vortrags wurde weitgehend belassen.

Michael Nüchtern

1. Wie sehen Stifter aus? Oder: Vom verdienstlichen Werk zum Wunsch, über sich selbst zu bestimmen

Vor einigen Jahren hätte man gesagt: Stifter sind klein und befinden sich in demütiger Haltung in der unteren Ecke des Bildes. So erscheinen nämlich die Stifter, die seit frühchristlicher Zeit in der christlichen Kunst dargestellt werden, besonders auf frühmittelalterlichen Bildern: meist betend, kniend, wie sie den gestifteten Altar, die gestiftete Kirche an Christus oder einen Heiligen übergeben.

In einem kunstgeschichtlichen Lexikon kann man lesen:

> „Sie bleiben klein und in den unteren Bildecken angeordnet bis ins ausgehende MA. Seit dem 15. Jh. treten aber bereits S. in gleicher Größe mit den dargestellten hl. Personen auf [...] An den protestantischen Altären der Renaissance haben sich die S. dann die Flügel oder die Predella erobert [...] Das Bild des S. wird zum Ruhmesmonument sowohl der fürstlichen wie auch der bürgerlichen Auftraggeber."

In der demütigen Haltung der Stiftenden drückt sich aus, dass Stiften durch „pia causa", einen frommen Beweggrund, motiviert ist. Die Stiftenden wollen nicht nur Gutes tun, kirchliche Versorgung sichern oder Not lindern, sie wollen als Dank für erlebte Rettung oder erfahrenen Segen im Leben ein Opfer bringen und auch ein verdienstliches Werk vollbringen, das ihnen angerechnet wird, wenn sie dereinst vor ihrem Richter stehen (Matth 25). Es ist kein Zufall, dass die Stifter größer werden, als nicht zuletzt durch die Rechtfertigungslehre des Protestantismus die Ansammlung von Verdiensten problematisch wird. Die Stiftung dient nun nicht mehr dem Ruhm im Himmel, sondern in der Mitwelt und Nachwelt. Gleichwohl bleibt sie durch christliche Verantwortung motiviert.

Heute sehen Stiftende wieder ganz anders aus, wie z. B. ein Blick in die Stiftungsbroschüre unserer Landeskirche zeigt: Es sind strahlende, glückliche Menschen, die einen Lebenssinn gefunden haben und ausgesprochen zukunftsgewiss ausschauen.[2] Etwas sinnvolles „Eigenes" (zweimal auf der Titelseite) gefunden zu haben und durchsetzen zu können, was mit der

---

2 Evangelische Landeskirche in Baden (Hg.). Die eigene Stiftung – ein Werk, das Früchte trägt. Der Weg zu Ihrer eigenen Stiftung, Karlsruhe 2002.

Verheißung von Dauer (Baumbild, aber kein Fruchtbaum) verbunden ist, wird hier als entscheidender Beweggrund angesprochen. Die Rechtsform der Stiftung zeichnet sich ja dadurch aus, dass der Wille der Stiftenden erhalten bleibt. Die hohen Werte der Selbstbestimmung und der Selbstverwirklichung stehen im Mittelpunkt und sollen es wohl auch. Die Botschaft ist klar: Solche Menschen stiften, und ein solcher bist du auch, wenn du stiftest. Es sind selbstbewusste Menschen, die eine wichtige gute Option ergreifen und aus dem, was sie haben, ein sinnvolles soziales Projekt machen.

Das ist wahrlich nicht zu verurteilen oder zu kritisieren! Freilich muss man sehen, dass die Stiftungsgründe und -motivationen damit durchaus zeitgeistförmig angesprochen werden und völlig säkular sind.

Eine verantwortliche Theologie der Stiftungsmotivationen und des Umgangs mit Stiftungsmotivationen steht noch aus. Die Frage verlangt eine Antwort, warum ich denn ausgerechnet einen christlich-kirchlichen Zweck zu einem nachhaltigen und dauernden Zweck für meine Habe machen soll. Stiften im Horizont von Kirche ist Ausdruck gesellschaftlicher Mitverantwortung, aber wenn es nur in diesem zivilgesellschaftlichen Horizont „gelesen" werden kann, fehlt etwas. Niemand wird mit der Angst vor dem Jüngsten Gericht die Reichen zum Stiften bringen wollen.

Wie können wir heute eine religiöse Motivation zum Stiften wecken oder ansprechen?

1. Ist es das Motiv des Dankens? Stiftungen können aus Segenserfahrungen kommen und sollen zu solchen führen. Dann muss die Frage beantwortet werden: Wie kann ich zeitgemäß und ohne moralischen Zeigefinger zur Sprache bringen, nein: nicht *sagen*, sondern zu *denken* geben, dass Dankbarkeit und Freude für materiellen Erfolg im Leben ein Anstoß sein kann, etwas der Kirche zu stiften?

2. Sind es die positiven Erfahrungen, die ein potentieller Stifter mit der Institution Kirche oder Teilen davon gemacht hat – mit dem Kirchengebäude in XY, mit der Telefonseelsorge, mit der Kirchenmusik? Wer stiftet, liebt. Er möchte erhalten wissen oder fördern, was er liebt! Ohne diesen Anteil des Herzens, gibt es kein Stiften.

3. Ist es eine aus dem Liebesgebot kommende christliche Verantwortung, Not zu wenden und sich einzusetzen? Wer stiftet hat eine Leidenschaft für eine Sache, er folgt einer ethischen Verantwortung und möchte eine erkannte Not wirksam wenden.

2. Wie sehen Stiftungen aus? Oder: Von den Vorlieben der Leitungsorgane zum Marktgemäßen

Innere Stiftungsmotivation und äußerer Stiftungszweck hängen vielfach zusammen. Stiftungszwecke brauchen sozusagen ein Gesicht, um ansprechen zu können. Stiftungen können da erfolgreich Mittel eintreiben, wo der Stiftungszweck Menschen motiviert und begeistert, sich gerade hierfür zu engagieren und Kapital einzusetzen. Es muss etwas sein, was Liebe hervorruft oder Leidenschaft weckt. Was kann das sein? Ich will das an drei Beispielen erörtern:

1. Stiftungszwecke vereinen Sinnvolles und Schönes. Menschen wollen sich selbst in einen Zusammenhang mit Sinnvoll-Schönem und Wertvollem bringen. Genau diese Motivation wird z. B. bei der Stiftung Bibelgalerie Meersburg und bei Orgel- oder Kirchengebäudestiftungen angesprochen, wenn angeboten wird, dass der Name der Stiftenden auf den Orgelpfeifen notiert wird (keine Stiftungen im Sinne der Stiftungsgesetze!).

2. Für ein anderes Motivationsgefüge kann die Bemühung um unsere Krankenhausseelsorgestiftung als Beispiel dienen. Bei der Akademietagungsarbeit habe ich gelernt, dass eine Tagung dann marktgerecht ist und angenommen wird, wenn sie die erfolgreiche Bearbeitung einer Spannungserfahrung verspricht, also mit einer Verheißung verbunden ist, ein Lebensproblem zu lösen. Das würde nun nicht durch einen Titel wie Krankenhausseelsorge eingelöst. Der persönliche und existentielle Bezug kommt erst in den Blick, wenn das Bedürfnis jedes Kranken angesprochen wird, in einer Krisensituation nicht allein zu sein, sondern begleitet zu werden. Die Stiftung soll deswegen heißen: Kranke begleiten.

3. Stiftungszwecke verbinden objektive Notwendigkeiten – im wahrsten Sinne des Wortes! – mit Chancen einer Realisierung. Mit Stiftungen soll erhalten werden, was der Liebe wert ist: das Leben von hungernden Kindern, zerfallende Kirchen ...

Will man Stiftungen für kirchliches Handeln initiieren, muss kirchliches Handeln stiftungsfähig werden. Es muss deutlich werden, dass es eine existentielle Frage löst. Es muss mit einer Verheißung verbunden sein und so auch auf dem Markt konkurrenzfähig werden. Es muss dazu oft entweder so formatiert oder so verändert werden, dass Menschen in dem Stiftungszweck etwas erkennen,

- das sie anspricht,

- das ihren eigenen Lebenszwecken entspricht,

- das sie deswegen nachhaltig sichern wollen und

- das sie deswegen auf Dauer mit ihrem Namen verbinden möchten.

Ich habe den Perspektivenwechsel, der auch kirchentheoretisch bedacht sein will, im Untertitel überspitzt dargestellt: Es kommt nicht mehr darauf an, dass sich ein Arbeitsfeld vor denjenigen beweisen muss, die die Haushaltshoheit haben, sondern vor denen, die das Geld geben. D. h. nicht nur gewählte Repräsentanten, sondern auch Geldgeber bestimmen im Rahmen von Stiftungen über kirchliche Arbeitsfelder. Damit wird eine neue Form von Basisorientierung für kirchliches Handeln eröffnet. Kirchliches Handeln wird existentieller und sinnlich wahrnehmbarer. Ich bin damit schon bei der nächsten Frage:

3. Wie sieht eine Kirche mit Stiftungen aus?

Stiftungen hat es in der Kirche im Lauf der Geschichte immer gegeben. Je nach der geschichtlichen Situation haben sie das Gesicht der Kirche geprägt und verändert. Im Folgenden werden vier Prozesse beschrieben, die heute durch eine verstärkte Propagierung des Stiftungsgedankens angestoßen werden.

3.1 Vom Haben zum Empfangen

Die gegenwärtig hauptsächliche Finanzierung der kirchlichen Arbeit durch eine Steuer, die proportional zur Lohn- bzw. Einkommensteuer ist, hat viele Vorteile, sowohl praktische als auch ethische. Das System ist technisch einfach handhabbar, es sichert berechenbare finanzielle Mittel, es koppelt die kirchlichen Finanzen an die allgemeine gesellschaftliche Entwicklung, es macht unabhängig von einzelnen Gebern, es belastet die einzelnen Mitglieder nach dem Schlüssel ihrer finanziellen Möglichkeiten, es entlastet von mühevoller Akquisitionsarbeit.

Doch wo Effekte sind, sind immer auch Nebeneffekte. Eine Nebenwirkung ist der Umstand, dass das System die Gebenden unsichtbar macht. Die Verwaltung der kirchlichen Mittel erfolgt transparent nach gesetzlich geregelten Verfahren, aber ohne dass quasi von selbst die im Blick sind, die die Arbeit finanzieren. So kommt es, dass kirchliche Gremien und Verantwortliche, was die Finanzen betrifft, unter den Kategorien des Habens (oder Nicht-Habens) empfinden und denken. Die Abhängigkeiten, die bei den Finanzmitteln gespürt werden, erscheinen generalisiert und entpersonalisiert. Es bleibt unsichtbar, dass die Kirche nicht nur in allgemein politische und ökonomische Entwicklungen, sondern auch in personal beschreibbare Zusammenhänge eingebunden ist. So entsteht der Eindruck, dass die Kirche Finanzmittel *hat* (oder auch nicht hat); undeutlich aber ist geworden, dass sie sie *empfangen* hat.

Hier ist ein Perspektivenwechsel nötig: von der selbstbezüglichen Institution zur kommunikativen Organisation.

Bibelkundige wissen, dass der Apostel Paulus die Christen in Korinth in einem seiner Briefe didaktisch geschickt mit einer Frage über die mögliche Selbsttäuschung aller, die „zu haben" meinen, aufklärt: „Was hast du, das du nicht empfangen hast?" (1. Kor 4,7). Durch die Beantwortung dieser Frage weitet sich die Perspektive – und das ist für Paulus das Wichtige: der oder die kommen in den Blick, von dem oder denen etwas empfangen ist.

Die *Rück*sicht – im wahrsten Sinne des Wortes – auf diejenigen, von denen Kirche etwas empfängt, steigt bei allen von der Kirchensteuer unterschiedenen Finanzierungswegen. Schon bei der Kollekte ist die Beachtung des

Geberwillens maßgeblich. Beim Fundraising wissen die Gebenden, für was sie Mittel zur Verfügung stellen, und die Fundraiser, dass sie empfangen. Bei der Stiftung ist der Stiftungszweck ausgewiesen. Stiftende bestimmen den Zweck, und allen, die davon profitieren, ist dies bewusst.

*Rück*sicht ist keine Form der Unfreiheit, sondern der Interaktion und der aktiven Beteiligung am Leben.

3.2 Auf dem Weg zu einer neuen Form von Beteiligungskirche

Menschen wollen heute nicht anonym für eine Großinstitution spenden, sondern – wie ich oben sagte – für etwas „mit Gesicht", für etwas Bestimmtes, dessen Sinn sie einsehen. Das kann der Kindergarten der Kirchengemeinde, die Krankenstation der Partnerkirche in Afrika sein; es ist aber nicht „die Kirche", „die Mission", „die Diakonie".

Eine Kirche, die auf Stiftungen setzt, verändert sich von einer Mittel verwaltenden Größe zu einer unternehmerischen Organisation, die den potentiell Stiftenden und Spendenden als Partnerin begegnet und ihnen Raum gibt mit dem Angebot:

> „Ihr könnt bei uns nicht nur mit eurer Zeit und euren Ideen mitarbeiten, sondern auch mit eurem Vermögen, ihr könnt eure Mittel mit den Möglichkeiten einer erfahrenen Organisation verbinden und so über das Handeln der Kirche mitbestimmen."

Im Rahmen von Stiftungen bestimmen nicht nur gewählte Repräsentanten, sondern auch Geldgebende über kirchliche Arbeitsfelder. Vielleicht überscharf interpretiert kann man hierin eine Machtverschiebung erkennen. Es kommt nämlich nicht mehr nur darauf an, dass sich ein kirchliches Arbeitsfeld vor denjenigen beweisen muss, die die Haushaltshoheit haben, sondern vor denen, die das Geld dafür geben. Man sollte dies aber nicht nur als eine Neudefinition von Einfluss oder Macht wahrnehmen und diskutieren, sondern als eine neue Form von Basisorientierung kirchlichen Handelns und als eine neue Form von Beteiligungskirche. Selbstverständlich bleibt es Aufgabe der Synoden, den Rahmen zu bestimmen, in dem dies möglich ist.

Dass Menschen ihrer Kirche Arbeitszeit zur Verfügung stellen und damit auch Gestaltungsmacht in der Kirche ausüben, ist üblich und erwünscht. Man nennt das Ehrenamtlichkeit. Was es bedeutet, dass Menschen ihrer Kirche gezielt Finanzmittel zur Verfügung stellen und damit Gestaltungsmacht ausüben, müssen wir noch lernen. Gabenorientierten Einsatz von Ehrenamtlichen versuchen wir zu praktizieren und zu fördern. Das gute Prinzip der Gabenorientierung lässt sich auch auf Menschen mit Finanzkraft beziehen. Es kann, auch wenn es um Geld geht, nicht prinzipiell schlecht sein.

3.3 Von der Mittelverteilung zur Mittelerschließung

Auch mit dieser Überschrift wird eine Weiterentwicklung im Selbstverständnis der Kirche angesprochen. „Von der Mittelverwaltung zur Mittelerschließung" fokussiert ein fast neoliberales Selbstverständnis von Kirche auf dem Markt, zumindest aber ein Selbstverständnis von Kirche als Organisation. Kirche wird dabei nicht nur als Vorgefundenes wahrgenommen und verstanden, sondern als etwas, was zu gestalten und weiter zu entwickeln ist. Das Selbstverständnis „Kirche als Organisation" wird auch durch andere Phänomene gegenwärtig stark befördert: Kirche setzt sich Ziele, Leitbilder, entwickelt eine Strategie, positioniert sich – immer geht es darum, dass sich die Kirche als Handlungssubjekt bestimmt und nicht mehr wie selbstverständlich und unreflektiert scheinbar das tut, was sie scheinbar immer getan hat, sondern etwas „unternimmt" und gerade auch in einer Situation des Mangels Zukunftsvorsorge betreibt.

Nun gibt es einen wichtigen Text des Neuen Testaments, der diesem Denken und Empfinden, dass wir zur Zukunftssicherung selbst etwas tun und unternehmen müssen, strikt zuwider zu laufen scheint: die Bergpredigt mit ihrem Aufruf, nicht zu sorgen. Ist die selige Sorglosigkeit, mit der ein Kirchensteuersystem die kirchliche Arbeit versorgt hat, ein Abbild und Gleichnis jener Sorglosigkeit, zu der Jesus die Seinen ermuntert? Kirchlich Mitarbeitende mögen das immer einmal so ähnlich empfinden. Es hat gute praktische Gründe, nicht selbst für die Finanzierung der Arbeit Sorge zu tragen. Das Unbehagen, als Bittsteller aufzutreten und in die Rolle Abhängiger zu geraten, kann aber auch eine Verdrängung konstitutiver sozialer Angewiesenheit sein (s. o.). Deswegen lautet die Antwort auf die obige Frage: Nein! Das wäre die falsche religiöse Weihe für etwas Profanes.

Kirchenälteste, Gruppenleitungen, Pfarrerinnen und Pfarrer, Synodale oder andere Personen, die ein Amt mit Verantwortung in der Kirche haben, müssen vorsorgen und für-sorgen, dass Kirche auch in Zukunft ihre Aufgaben erfüllen kann. Als Verantwortliche in der Kirche haben sie ein Amt für andere. Sorglosigkeit ist gerade keine christliche Eigenschaft, wenn es um andere geht. Mittel müssen „im Amt für andere" nicht nur verteilt und verwendet, sondern auch erschlossen werden. Das erscheint bisweilen als neue Aufgabe. Hierbei ist vor allem zweierlei zu beachten:

- Die geforderte Rücksicht auf Geber und Gaben darf nicht in einen Widerspruch zum kirchlichen Auftrag führen. Die Kirche darf nicht aus lauter Rücksichtnahme auf Geber und Gaben ihren Auftrag verleugnen. Nie grundsätzlich und generell ist *Rück*sicht problematisch, sondern nur in bestimmten Fällen. Kirche ist frei und muss frei bleiben, wo es um die Erfüllung ihres Auftrags geht. Bei der *Art und Weise, wie* sie ihren Auftrag erfüllt, bei den konkreten Formen ihrer Auftragserfüllung darf, kann, ja muss sie Rücksicht auf Gebende und Gaben nehmen, wenn sie beispielsweise eine bestimmte Aufgabe nicht mehr erfüllen kann oder für eine bestimmte Aufgabe ihr Mittel gegeben werden.

- Mittelakquisition für inhaltliche Arbeit und die inhaltliche Arbeit selbst müssen in einem angemessenen Verhältnis zueinander stehen. Dabei geht es jedoch nicht um zwei unabhängig voneinander bestehende Teile von Arbeit, sondern um sich wechselseitig befördernde Aktivitäten. Das eine kommt dem anderen zugute. Die Verbesserung der inhaltlichen Arbeit, ihre deutlichere und bessere Ausrichtung auf Betroffene ist die Voraussetzung für die Akquisition von Mitteln.

3.4 Vom Prinzip der Gleichmäßigkeit zum Prinzip der Schwerpunktsetzung

Die Kirche als unternehmende Kirche braucht eine Ethik der Kirche, damit sie mit neuen Handlungszwängen und neuen Handlungsoptionen verantwortlich umgeht.

Vor allem zwei Fragen müssen beantwortet werden:

1. Erträgt die Kirche Stiftungen von Einzelpersonen mit besonderen Interessen? Wie verhalten sich in einem solchen Fall Partialinteressen von Stiftenden zu einem kirchlichen Gesamtinteresse und zu den Verantwortungen von Gremien?

2. Wie verhalten sich unterschiedliche Stiftungsinitiativen zueinander? Wie geht die Kirchenorganisation mit der Konkurrenz unter den Spenden- und Stiftungszwecken um? Bedeutet Leitungsverantwortung eher eine strenge Reglementierung von Stiftungszwecken und Fördervereinen, um Konkurrenzen zu verhindern, oder eher eine Deregulierung, um Initiativen nicht zu hemmen?

Der erste Fragenkomplex betrifft die Innenverhältnisse, der andere die Außenverhältnisse. Beide Fragen werden durch ein Unbehagen hervorgerufen, dass durch die Erschließung neuer Finanzmittel Ungleichheiten entstehen können, wenn einzelne unternehmerische Gruppen oder Gemeinden besonders erfolgreich sind. Im Umgang mit der Norm der Gleichheit muss man differenzieren.

Zu 1. Hinsichtlich der Versorgung der Mitarbeitenden in der Kirche muss der Grundsatz des gleichen Lohns für gleiche Arbeit weiter gelten. Der Gleichheitsgrundsatz muss aber nicht hinsichtlich der Ausstattung der einzelnen Teilorganisationen bestehen bleiben. Auch heute schon haben Teilorganisationen durch Kollekten bzw. Opfer mehr Mittel als andere. Schon bisher ist es selbstverständlich, dass z. B. nicht in allen Kirchen gleiche Orgeln finanziert werden, sondern dass eigene Mittel in einer Kirchengemeinde zu einer besonderen Ausstattung führen. Es ist auch sinnvoll, das Gebot einer gleichmäßigen flächendeckenden Versorgung beispielsweise in der Krankenhausseelsorge aufzuheben und bei einem gleichen Bedarf dort das Angebot zu verstärken, wo die äußeren Bedingungen, einschließlich der Mittelerschließung oder der Refinanzierung, besonders günstig sind. Die Norm einer gleichen Verteilung von kirchlichen Diensten und Einrichtungen wird durch die Propagierung von Fundraising und Stiftungen schwächer. Unterschiedliche Schwerpunkte kirchlicher Arbeit werden sich verstärken.

Zu 2. Das Verhältnis von Spenden-, Stiftungs- und Fundraisinginitiativen zueinander muss nicht geregelt werden aus Gründen der Binnengestalt, um Gleichheit zu erzeugen, sondern um nach außen hin klar, berechenbar und abgesprochen auftreten zu können.

Zusammenfassend lässt sich sagen: Eine Kirche, die auf neue Finanzierungsquellen setzt, wird nach außen hin interaktiver und kommunikativer werden. Sie wird in ihrer Binnengestalt vielfältiger und unterschiedlicher aussehen. Gerade dann aber bleibt es kirchenleitende Verantwortung, dass Kirche trotzdem nach außen deutlich erkennbar als Einheit erscheint.

Stiftungen als Fundraising-Instrument?

Sieglinde Ruf

Die Redewendung von Stiftungen als Fundraising-Instrument ist – gerade für kirchliche Fundraisingbeauftragte – selbstverständlich geworden. Sie ist jedoch eine Erfindung der letzten Jahre und ist es wert, hinterfragt zu werden. „Stiftungen" und „Fundraising-Instrument": wie passt das zusammen? Auf der einen Seite steht ein altehrwürdiges, neu entdecktes Institut, das sich hervorragend dazu eignet, mit privatem Vermögen eigene Ideen dauerhaft zu verwirklichen, das größtmögliche Unabhängigkeit und Gestaltungsfreiheit garantiert und mit dem sich Stiftende eine Plattform für ihr bürgerschaftliches Engagement schaffen können. Auf der anderen Seite steht eine gemeinnützige Organisation, deren bisherige Finanzierungsquellen versiegen. Und die nun mit geringem Vermögen eine Stiftung gründet, weil sie hofft, dass das Zustiften für Einzelpersonen attraktiv sein wird und der Stiftung soviel privates Vermögen zufließt, dass sie aus den Erträgen das Wirken der Organisation dauerhaft (mit-)finanzieren kann. Unterschiedlicher geht es kaum.

Im Zusammenhang mit Fundraising kamen Stiftungen bisher vor allem in zwei Funktionen vor. Zum einen stellen Förderstiftungen Finanzmittel für gemeinnützige Anliegen zur Verfügung. Sie fördern zum Beispiel Kultur und Sport, Wissenschaft und Forschung. Diese Stiftungen sind also Ansprechpartnerinnen fürs Fundraising. Zum anderen werben viele Stiftungen selbst professionell um Spenden und Zustiftungen. Diese Stiftungen treten selbst als Fundraiserinnen auf.

Seit kurzem gibt es ein drittes Phänomen. Die StifterStudie der Bertelsmann Stiftung formuliert deutlich, dass der Stiftungsboom der letzten Jahre nicht zugleich ein Stifter-Boom ist. Während in den 90er Jahren im Schnitt etwa 150 Stiftungen jährlich von Einzelpersonen gegründet worden sind, waren es 2003 gerade noch 39 – bei 784 Stiftungsgründungen insgesamt. Die 745 übrigen Stiftungen wurden vor allem von juristischen Personen wie Unternehmen, Vereinen und öffentlichen Körperschaften errichtet. Karsten Timmer, der Verfasser der StifterStudie, kommt zum Schluss:

„Der Stiftungsboom der letzten Jahre ist daher kein Stifter-Boom und somit auch kein Ausdruck für ein gestiegenes bürgerliches Verantwortungsgefühl oder eine Folge der Erbschaftswelle. Der Stiftungsboom scheint vielmehr die Fundraising-Zwänge öffentlicher und privater Institutionen zu belegen, die ihren Förderern die steuerlichen Vorteile von Stiftungen sichern möchten."

Das altehrwürdige Institut der Stiftung wird also von gemeinnützigen Organisationen – auch von den Kirchen – neu entdeckt und in der Art eingesetzt, dass die Stiftung selbst zum Instrument des Fundraising wird. Gemeinnützige Organisationen gründen selbst Stiftungen, die davon geprägt sind,

- dass sie langfristig den gemeinnützigen Zweck erfüllen helfen und sichern sollen,

- dass sie attraktiv sein sollen für Unterstützerinnen und Unterstützer,

- dass sie in der Regel darauf angewiesen sind, das Vermögen durch Zustiftungen allmählich aufzubauen, um überhaupt erst spürbar wirksam zu werden.

Hinter dieser Entwicklung steht ein grundlegender Wandel. „Damals" galt: Wer Geld hatte, gründet eine Stiftung. „Heute" scheint zu gelten: Wer Geld braucht, gründet eine Stiftung. Damit ist das relativ neue, spannungsreiche Phänomen „Stiftungen als Fundraising-Instrument" beschrieben.

Wenn sich die Kirchen dem Thema „Stiftungen" zuwenden, sind sie sich der gesellschaftlichen Rahmenbedingungen bewusst:

- Privater Wohlstand durch lange Friedensphase / Demographische Entwicklung / Geschätztes Erbschaftsvermögen pro Jahr: 130 Mrd. EUR

- Diskussionsprozess Bürgergesellschaft / Beteiligungsgesellschaft / Bürgerschaftliches Engagement

- Hoher Bedarf an gemeinnützigem Handeln

- Verbesserung der steuerrechtlichen Situation für Stiftungen und Stiftende (2000)

Die Evangelische Landeskirche in Baden hat als Körperschaft des öffentlichen Rechts eine eigene Stiftungsaufsicht und weitgehende Gestaltungsmöglichkeiten beim Errichten kirchlicher Stiftungen. Und sie hat eine Tradition des Stiftens und evangelische Stiftungen mit Tradition, an die es zu erinnern gilt.

Bereits im Jahr 2000 hat die Evangelisch-Lutherische Kirche in Bayern als erste Landeskirche eine Stiftungsinitiative mit dem Titel „,'Stiften gehen' oder: Wann macht Geld glücklich?" durchgeführt – mit großem Erfolg. Ihr Beispiel wirkte ansteckend. In der Evangelisch-Lutherischen Landeskirche Hannovers löste 2001 die Stiftungsinitiative „Stiften ist menschlich" eine Gründungswelle aus, durch die 120 Stiftungen bis Ende 2003 ins Leben gerufen wurden. Inzwischen sind es noch mehr geworden. Im Juni 2005 eröffnet die Evangelische Kirche in Hessen und Nassau ihre Initiative „Stiften tut gut".

In unserer Landeskirche wird die Aktualität des Themas immer bewusster. Wie könnte eine badische Initiative „Stifterisches Handeln" aussehen? Bevor wir diese Frage beantworten können, müssen wir Antworten auf eine andere Frage finden: „Was bedeutet das: Stiftungen als Fundraising-Instrument in Gemeinde, Kirchenbezirk und Landeskirche"? Wir sind zurzeit mitten in den notwendigen Klärungen. Meine vorläufige These lautet:

Stiftungen als Fundraising-Instrument? Ja natürlich, wenn

- das Instrument „Stiftung" für den gewünschten Zweck sinnvoll ist,
- die Öffentlichkeitsarbeit engagiert und langfristig gestaltet wird,
- das Fundraising so ausgerichtet ist, dass das Spendenaufkommen durch die Stiftung nicht geschmälert wird,
- der Dialog mit den Stifterinnen und Stiftern langfristig gepflegt wird,
- Möglichkeiten der Beteiligung geschaffen werden und
- ethische Standards verpflichtend vereinbart und eingehalten werden.

Die kirchliche Stiftung

Juristische Aspekte

Walter Moch

PowerPoint-Präsentation:

- Was ist eine Stiftung?
- Merkmale einer Stiftung
- Stifter
- Rechtsform
- Wie entsteht eine rechtsfähige Stiftung?
- Wie entsteht eine Stiftung?

Was ist eine Stiftung?

- keine Legaldefinition im

  Bürgerlichen Gesetzbuch

  Stiftungsgesetz von Baden-Württemberg

  Kirchlichen Stiftungsgesetz

Was ist eine Stiftung?

- die Stiftung ist ein Institut, dessen Verwaltungsorgan im Wesentlichen die Aufgabe hat, mit den

  Erträgen aus der Verwaltung des Stiftungsvermögens den vom Stifter im <u>Stiftungsgeschäft</u> definierten

  <u>Stiftungszweck</u> entsprechend der <u>Stiftungssatzung</u>

  dauerhaft und nachhaltig

  zu erfüllen.

Merkmale einer Stiftung

- Stifterin bzw. Stifter
- Rechtsform
- Stiftungsgeschäft
- Stiftungssatzung
- Stiftungsvermögen

Stifter

- natürliche Person(en)

- juristische Person
  - Landeskirche
  - Kirchenbezirk
  - Kirchengemeinde
  - eingetragener Verein (Förderverein, Diakonieverein)
  - (g)GmbH

nicht

- Pfarrgemeinde
- nicht eingetragener Verein

Rechtsform

- Rechtsfähige (selbstständige) Stiftung

  (§80 Absatz 1 BGB)

- Nicht-rechtsfähige (unselbstständige) Stiftung

Wie entsteht eine rechtsfähige Stiftung?

- § 80 BGB bestimmt, wie eine **rechtsfähige** **Stiftung** bürgerlichen **Rechts** entsteht:

„Zur Entstehung einer rechtsfähigen Stiftung sind das Stiftungsgeschäft und die Anerkennung durch die zuständige Behörde des Landes erforderlich, in dem die Stiftung ihren Sitz haben soll."

Wie entsteht eine Stiftung?

- Stiftungsgeschäft

- Anerkennung durch die Stiftungsaufsicht

Das Stiftungsgeschäft

- muss die verbindliche schriftliche Erklärung des Stifters enthalten, ein Vermögen zur Erfüllung eines von ihm vorgegebenen Zweckes zu widmen (§ 81 Abs.1 Satz 2 BGB).

 - unter Lebenden

 - als Testament oder Erbvertrag

Rechtsfähige Stiftung

- Anerkennung durch die staatliche Stiftungsaufsicht als

- Stiftung des öffentlichen Rechts

  oder

  des bürgerlichen (privaten) Rechts

Kirchliche Stiftung

- des bürgerlichen (privaten) Rechts

- des öffentlichen Rechts

Kirchliche Stiftung

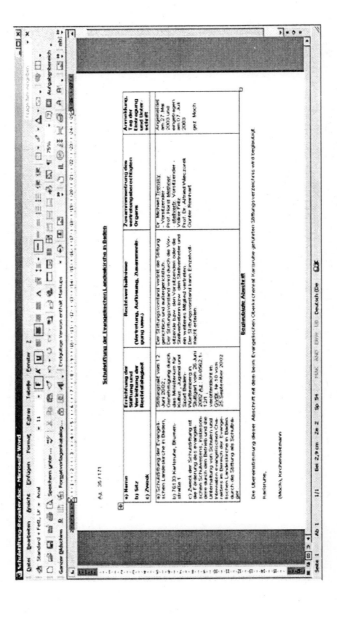

Unselbstständige Stiftung

- keine Legaldefinition im BGB

- Stifter überträgt Vermögen auf einen Rechtsträger (natürliche oder juristische Person) durch

- Treuhand- oder

- Schenkungsvertrag

Unselbstständige Stiftung

- wird durch den Rechtsträger vertreten

- hat keinen eigenen Sitz

- keine Anerkennung durch die staatliche Stiftungsaufsicht

Stiftungsgeschäft einer Kirchengemeinde

- Die Kirchengemeinde XY errichtet hiermit die rechtlich unselbstständige kirchliche Stiftung mit dem Namen

„ Förderstiftung der Kirchengemeinde XY".

Zweck der Stiftung ist die Förderung der Kirchengemeinde XY. Der Zweck wird insbesondere verwirklicht durch die Förderung
a) der Gemeindearbeit im Bereich Kinder- ,Jugend-, Erwachsenen- und Seniorenarbeit
b) diakonischer Projekte und Aktivitäten
c) der Kirchenmusik
d) der Unterhaltung kirchlicher Gebäude
Als Stiftungsvermögen statten wir die Stiftung mit einem Geldbetrag von .... Euro aus.
Wir geben der Stiftung die als Anlage beigefügte Stiftungssatzung, die ausdrücklich Bestandteil dieses Stiftungsgeschäftes ist.

Stiftungssatzung
(Mindestinhalt)

- Name

- Sitz

- Zweck

- Vermögen

- Bildung des Vorstandes

Stiftungsssatzung

- Name

- Zweck
  darf das Gemeinwohl nicht gefährden
  (§ 80 Abs. 2 BGB)

- Sitz

Stiftungssatzung

- ## Vermögen
  - alle Sachen, die einen Ertrag bringen können:
  - Geld, Rechte, Grundstücke, Forderungen, sonstige Gegenstände

- keine Mindestgrenze in den Gesetzen definiert
- so hoch, dass aus den Erträgen des Stiftungsvermögens der Zweck auf Dauer erfüllt werden kann
- muss auf Dauer erhalten bleiben
- muss von anderem Vermögen getrennt gehalten werden

- wird vermehrt durch Spenden und Zustiftungen

Stiftungssatzung

- Stiftungsorgan(e)

  - Bildung des Vorstandes / des Stiftungsrates / des Kuratoriums bzw. Beirats

  - Beschlussfassung

  - Vertretung der Stiftung

Stiftungssatzung enthält noch Angaben über

- die Verwaltung der Stiftung – KStiftG, KVHG, StiftG B-W.
- Aufsicht durch EOK
- Geschäftsjahr und Rechnungslegung (RPA)
- Satzungsänderungen und Aufhebung der Stiftung
- Vermögensanfall bei Auflösung der Stiftung
- In-Kraft-Treten

Steuerrechtliche Vorteile für den Stifter

- Gesetz zur weiteren steuerlichen Förderung von Stiftungen vom 14.07.2000 :

über die bisher geltenden Grenzen des Spendenabzugs von 5% für allg. spendenbegünstigte Zwecke bzw. 10% (für Zuwendungen zur Förderung wissenschaftliche, mildtätiger und gemeinnütziger Zwecke) des Einkommens hinaus sind bis zu 20.450 € abziehbar.

Erfolgt die Zuwendung des Stiftungskapitals anlässlich einer **Stiftungsneugründung** (bis zu einem Jahr nach Anerkennung) kann zusätzlich ein Betrag bis zu 307.000 € über einen Zeitraum von bis zu 10 Jahren bei der Einkommenssteuer berücksichtigt werden.

- Zuwendungen an eine kirchliche Stiftung sind von der Erbschafts- und Schenkungssteuer befreit.

Bürgerstiftung
(Gemeinschaftsstiftung)

- Die Stiftungssatzung wird um ein weiteres Organ (Stiftungs- oder Stifterversammlung) ergänzt:

- Abs. 1: Der Stiftungsversammlung gehören alle Stifter und Zustifter (ab einem Betrag von ...... €) an.

- Abs. 2: Die Stiftungsversammlung berät den Stiftungsvorstand in Angelegenheiten von grundsätzlicher Bedeutung.

- Abs.3: Der Stiftungsvorstand kann mit der Mehrheit von ¾ der Stimmen Mitglieder der Stiftungsversammlung aus wichtigem Grund jederzeit abberufen. Als wichtiger Grund gilt insbesondere ein Verstoß gegen die Ziele der Stiftung.

- Abs. 4: Die Stiftungsversammlung ist über die Arbeit der Stiftung in regelmäßigen Abständen zu unterrichten.

Stiftung und / oder Verein

- Stiftung
  - Vorteil : genießt hohen Vertrauensschutz, erhöhte steuerrechtliche Vorteile
  - Nachteil : Stiftungsvermögen auf Dauer gebunden, Auflösung der Stiftung nur mit Genehmigung der Stiftungsaufsicht.

- Verein
  - Vorteil: kein Startkapital erforderlich, Finanzierung durch geringe Mitgliedsbeiträge möglich, Satzung kann jederzeit geändert und Auflösung beschlossen werden.
  - Nachteil : Mitglied kann kündigen, so dass weitere Finanzierung fraglich ist; Spendenabzugsfähigkeit nur im „normalen" Rahmen

Die kirchliche Stiftung

Hinweise aus der Sicht der Rechnungsprüfung

Bernd Beyer

PowerPoint-Präsentation:

- Stiftungsarten
- Rechtsfähige Stiftung
- Nicht-rechtsfähige Stiftung
- (Finanz-)Technische Aspekte
- Haushaltsrechtliche Bestimmungen
- Prüfung
- Prüfungsgegenstände

Versuch einer Definition der Stiftung

Nach Kommentar v.Rotberg / Broo / Frey zum Stiftungsgesetz Baden – Württemberg :

- „Die Stiftung ist zu unterscheiden von einem Sammelvermögen, das durch Spenden und Beiträge aufgebracht wird und i.d.R. einen vorübergehenden Zweck verfolgt.

- Die Stiftung ist dagegen auf eine dauerhafte Zweckerfüllung angelegt und soll die Verwirklichung des Stifterwillens durch die Verwendung des gestifteten Vermögens dauerhaft gewährleisten."

Bernd Beyer

Stiftungsarten

- Selbstständige, rechtsfähige Stiftung

- Unselbstständige, nicht-rechtsfähige Stiftung

Rechtsfähige Stiftung

- Hat eine eigene Rechtspersönlichkeit

- Bedarf der Anerkennung durch die staatliche Stiftungsaufsicht

- Erfordert den Aufbau eines eigenen Rechnungswesens

Nicht-rechtsfähige Stiftung

- Keine eigene Rechtspersönlichkeit

- Vermögen wird durch Vertrag auf einen bestehenden Rechtsträger übertragen

(Finanz-) Technische Aspekte

Das Gründungskapital („Grundstock") einer Stiftung soll so hoch sein, dass eine dauernde und nachhaltige Erfüllung des Stiftungszweckes gesichert erscheint (vgl. § 3 Abs.2 Kirchliches Stiftungsgesetz).

Zur Zeit in der Diskussion :

Für selbstständige (rechtsfähige)
Stiftungen :

- Mindestens 25.000 € (lt. Empfehlung
Kultusministerium)

- Kapital nur bzw. zum größten Teil von
Dritten

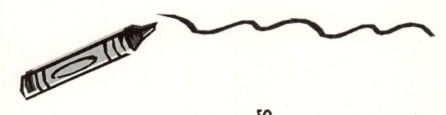

Zur Zeit in der Diskussion :

Für unselbstständige (nicht – rechtsfähige) Stiftungen :

• Mindestens 5.000 € bis höchstens 10.000 €

Bernd Beyer

(Finanz-) Technische Aspekte

Sollen (ausnahmsweise) Finanzmittel der Kirchengemeinde in eine Stiftung eingebracht werden, so ist darauf zu achten, dass zunächst die gesetzlichen Pflichtrücklagen nach den §§ 13 – 17 KVHG zu erfüllen sind!

Dies sind in nachstehender Priorität :

- Betriebsmittelrücklage (§ 13 KVHG)
- Substanzerhaltungrücklage (§ 14 KVHG)
- Ausgleichsrücklage (§ 15 KVHG)
- Ggf. Bürgschaftssicherungs- und
  Tilgungsrücklage (§§ 16 und 17 KVHG)

(Finanz-) Technische Aspekte

- Bei Begründung einer nicht – rechtsfähigen Stiftung entsteht ein gesichertes Sondervermögen innerhalb eines bestehenden Rechtsträgers

Vorteil 1:

- Die Rechnungsführung und die Rechnungslegung können unkompliziert über das für die Gemeinde zuständige Verwaltungs- und Serviceamt abgewickelt werden

Vorteil 2 :

• Die Rechnungsprüfung wird (kostenfrei) im Rahmen der kirchengemeindlichen Prüfung vorgenommen

Haushaltsrechtliche Bestimmungen

- Das kirchliche Gesetz über die Vermögensverwaltung und die Haushaltswirtschaft in der Evangelischen Landeskirche in Baden (KVHG) gilt nach § 1 Abs. 2 auch für die kirchlichen Stiftungen

Bernd Beyer

Haushaltsrechtliche Bestimmungen

- Spezielle Regelungen für die kirchlichen Stiftungen finden sich in den §§ 91 bis 93 KVHG

- Für die kirchlichen Stiftungen sind gesonderte Haushalts- bzw. Wirtschaftspläne aufzustellen und vom zuständigen Organ zu beschließen (§ 91 Abs. 2 KVHG)

Haushaltsrechtliche Bestimmungen

Wichtigste Grundsätze nach § 92 KVHG :

- Das Stiftungsvermögen (Grundstock) ist in seinem Bestand zu erhalten

- Das Stiftungsvermögen ist getrennt von anderem Vermögen zu halten

Haushaltsrechtliche Bestimmungen

- Die kirchlichen Stiftungen haben die Erträge des Stiftungsvermögens und die Zuwendungen entsprechend ihren satzungsgemäßen Aufgaben zu verwenden

Stiftungssrechtliche Bestimmungen

Das Kirchliche Stiftungsgesetz bestimmt :

- Die Stiftung ist sparsam, wirtschaftlich und sicher zu verwalten; § 7 Abs. 1 Satz 2

- die steuerlichen Vorgaben der Abgabenordnung sind zu beachten; § 7 Abs. 2 Satz 2 KStiftG

Prüfung

Die Satzungen kirchlicher Stiftungen
sollen Aussagen enthalten zu :

- Art und Höhe des Grundstockkapitals
- Rechnungsprüfung der Stiftung
- Geschäftsjahr und Rechnungslegung

Prüfungsgegenstände

Ordnungsmäßigkeit des Rechnungswesens

Dazu gehören zum Beispiel :

Bernd Beyer

Prüfungsgegenstände

- Richtigkeit der Buchungen und Abschlüsse

- Geordneter Geschäftsablauf seitens der Stiftungsorgane

- Sachgerechte Verteilung der Aufgaben und Befugnisse

- Zweckentsprechende Organisation

Prüfungsgegenstände

Wirtschaftliche Verhältnisse der Stiftung :

- Ist zu erwarten, dass der Stiftungszweck weiterhin dauerhaft und nachhaltig erfüllt werden kann ?

Bernd Beyer

Prüfungsgegenstände

Erhaltung des Stiftungsvermögens :

- Wurde das Grundstocksvermögen in seinem Bestand erhalten ?
- Umgang mit Zustiftungen und Zuwendungen ?
- Sichere und rentierliche Anlage des Stiftungsvermögens

Prüfungsgegenstände

Satzungsgemäße Verwendung der
Erträge aus dem Stiftungsvermögen :

- Verwendung der Erträge und Zuwendungen
  lt. Gremienbeschluss ?

- Stehen laufende Ausgaben im Einklang mit
  den festgelegten Stiftungszwecken ?

Bernd Beyer

Bedenkenswerte Anmerkungen

- Stiftungserrichtung sollte keine „Modererscheinung" sein

- Eine Stiftung vermehrt nicht automatisch vorhandenes Kapital

- Stiftungskapital ist der „Gestaltungs-freiheit" der Kirchengemeinderates auf **Dauer entzogen**

Bedenkenswerte Anmerkungen

- Beabsichtigte Zwecke lassen sich oft auch ohne Gründung einer Stiftung verwirklichen

- Z.B. durch *Gründung* eines Fördervereins oder durch die Bildung von zweckgebundenen Rücklagen (vgl. §12 Abs.1 Nr.4 und Abs.3 KVHG)

Bernd Beyer

Bedenkenswerte Anmerkungen

- Da Stiftungen eigener Organe bedürfen ist mit ihrer Gründung eine Vermehrung von Gremienarbeit und damit eine Mehrbelastung der ehrenamtlich Mitarbeitenden verbunden

Bedenkenswerte Anmerkungen

- Durch die Gründung einer Stiftung sollten nicht „persönliche" Präferenzen" Einzelner – mit Bindungswirkung für die Zukunft – zementiert werden

Bedenkenswerte Anmerkungen

- Durch eine Stiftung sollten nicht „kirchturm-politische" Zwecke (z.B. bei der geplanten Zusammenlegung von Gemeinden) verfolgt werden

Stiftungen für Kirchengemeinden

Chancen – Risiken – Nebeneffekte

Stefan Werner

PowerPoint-Präsentation:

- Rahmenbedingungen der Kirchengemeinden
- Ausgangslage
- Erkenntnisse
- In Stiftungen liegt ein erhebliches Potential
- Fünf Thesen

    1. Stiftungen „entmachten" den Kirchengemeinderat.

    2. Stiftungen sind nur eine vorübergehende Mode.

    3. Stiftungen werden in den nächsten 30 Jahren ein unverzichtbares Standbein zur Finanzierung kirchlicher Arbeit darstellen.

    4. Warum Stiftungen? Nicht die Rechtsform, sondern der Inhalt entscheidet über den Erfolg jeder Fundraising-Maßnahme.

    5. Niemand stiftet zugunsten eines kirchengemeindlichen Haushaltes.

Stefan Werner

RAHMENBEDINGUNGEN DER KIRCHENGEMEINDEN

Abnehmende Mitgliederzahlen
- Mitgliederalterung -demographische Entwicklung

Zurückgehende Steuereinnahmen
- Steuerreform
- Verknüpfung an die allgemein wirtschaftliche Situation

Steigende Kosten bei Personal, Liegenschaften, Sachkosten
- Inflationsrate -ausgleich

Ausgangslage

Abnehmende Mitgliederzahlen

▪Mitgliederalterung -demographische Entwicklung

Ausgangslage

Altersstruktur der Evangelischen in Baden

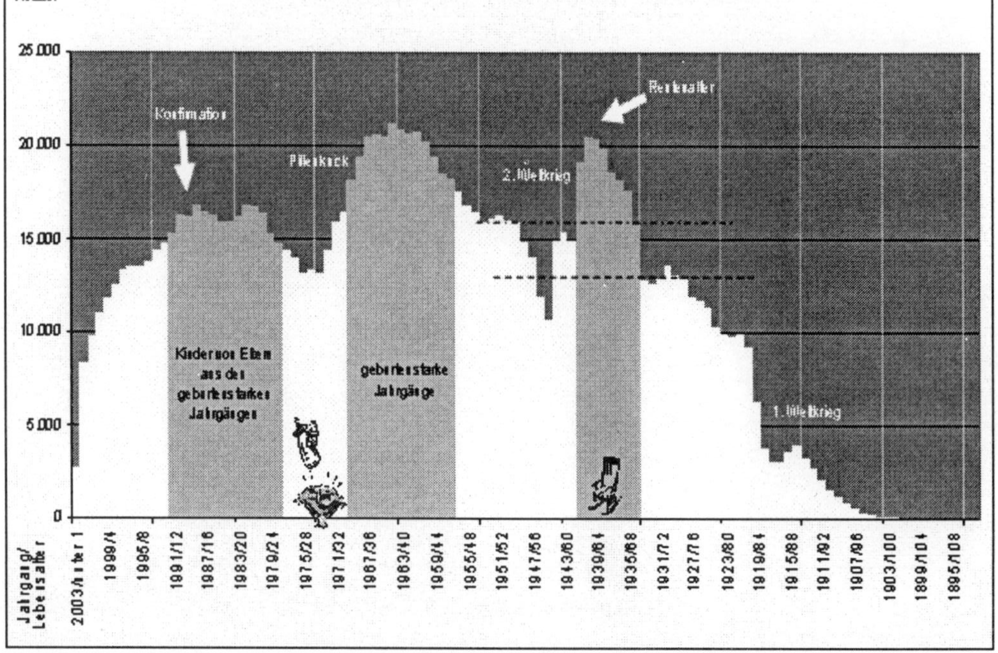

Abb. 1.1 Altersmäßige Zusammensetzung der Landeskirche 2003

Ausgangslage

Altersstruktur in Baden-Württemberg

Seit 2000 mehr ältere als junge Menschen

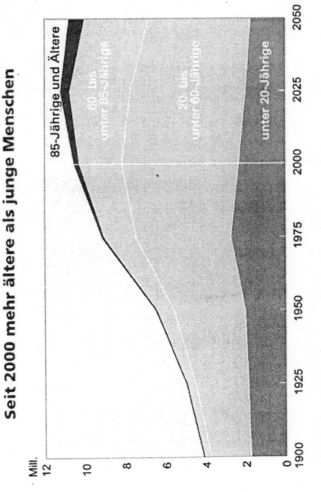

1) Ab 2002 Bevölkerungsvorausrechnung Basis 2001, Variante 1.

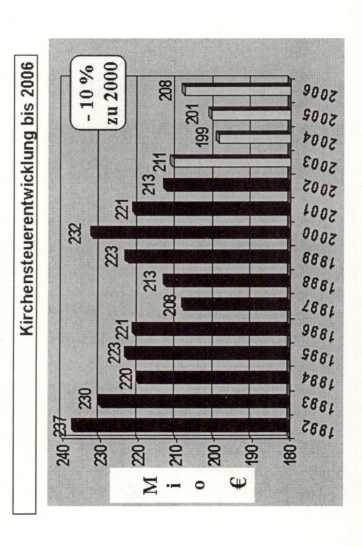

Ausgangslage

Zurückgehende Steuereinnahmen

Kirchensteuerentwicklung bis 2006

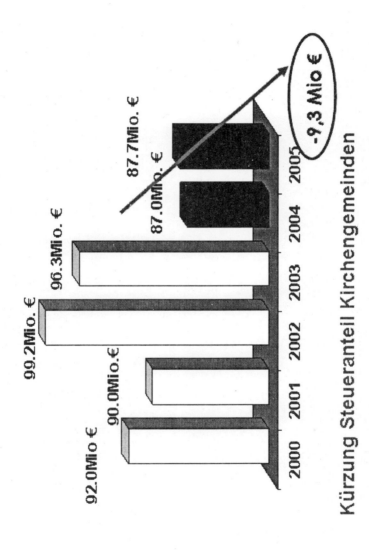

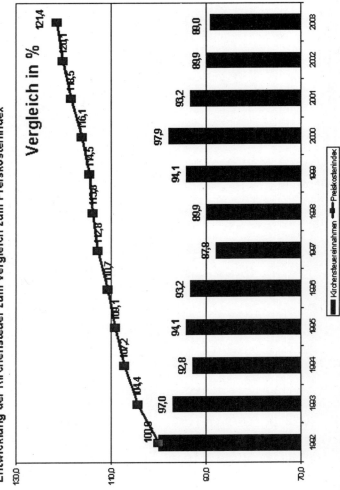

Ausgangslage

Zurückgehende Steuereinnahmen
Die Schere geht deutlich und erkennbar auseinander!
Entwicklung der Kirchensteuer zum Vergleich zum Preiskostenindex

Vergleich in %

Erkenntnisse

Die Lösung der vorhandenen Probleme kann nicht allein in der „Reparatur" des Haushaltes durch

- **Globalkürzungen,**
- **Personaleinsparung,**
- **Gebäudeverkauf und**
- **Erschließung neuer Einnahmenquellen**

bestehen.

Überlegungen und Schritte hierzu sind zwar unumgänglich, müssen aber mit neuen Zielvorstellungen zukünftiger Gemeindearbeit (Gemeindeprofil) verbunden werden!

Eine systematische Planung des Haushaltskonsolidierungsprozess ist wesentliche Voraussetzung für das Gelingen.

Nicht

schnelle Ergebnisse – nachhaltige Ergebnisse führen zum Erfolg!

In STIFTUNGEN liegt ein erhebliches Potential !!

Weiterarbeit in Gruppen zu zwei Kernaussagen:

Gruppe 1 „Ja, und deshalb wollen wir wissen, was jetzt zu tun ist"
Die Teilnehmerinnen und Teilnehmer dieser Gruppe beraten über konkrete Situationen in ihren Gemeinden und Einrichtungen und suchen gemeinsam nach den besten Lösungsansätzen.

Gruppe 2 „Mag sein, aber wo liegen die Grenzen / Gefahren ?"

Die Teilnehmerinnen und Teilnehmer dieser Gruppe tauschen sich über Stiftungen in der Kirche anhand der folgenden fünf Thesen aus.

THESE 1:

Stiftungen „entmachten" den Kirchengemeinderat.

Schlaglichter aus der Diskussion:

Stiftungen verändern die Entscheidungsprozesse in der Kirchengemeinde. Dies gilt zumindest für selbständige Stiftungen, deren Stiftungsrat beispielsweise die Verwendung der Erträge bestimmt. Der Kirchengemeinderat gibt Macht ab, indem er auf Finanzmittel zurückgreift, die der Gemeinde aus Stiftungen zufließen. Die Beteiligung an Entscheidungen der Kirchengemeinde wird breiter.

Wie ist das zu werten? Ist die Veränderung der Entscheidungsprozesse beispielsweise vergleichbar mit dem Einfluss eines erfolgreichen Orgel-Fördervereins, der den Kirchengemeinderat dazu bewegt, die vom Förderverein gewünschte Orgel anzuschaffen? Bei Stiftungen ist der Zweck in der Satzung dauerhaft festgelegt und unabhängig von Personen. Ist von daher eher mit Stetigkeit und Berechenbarkeit zu rechnen?

Stefan Werner

THESE 2:

Stiftungen sind nur eine vorübergehende Mode.

Schlaglichter aus der Diskussion:

„In den 80er Jahren waren Fördervereine angesagt, in den 90er Jahren wurden GmbHs gegründet und jetzt sind eben Stiftungen in Mode", ist immer wieder zu hören. Es ist richtig, dass Stiftungen seit einigen Jahren in Mode sind, aber das-hat gute Gründe. Das gesamtgesellschaftliche Klima ist günstig für Stiftungen (viel Privatvermögen vorhanden; eine individuell gestaltbare, nachhaltige Form von bürgerschaftlichem Engagement; Steuervorteile). Das müssen wir in der Kirche erkennen und darauf reagieren!

Stiftungen sind kein Allheilmittel. Sie können aber hervorragende Instrumente sein, wenn wir ihre Schwächen und ihre Stärken kennen und gezielt da einsetzen, wo sie sinnvoll sind.

THESE 3:

stiftungen werden in den nächsten 30 Jahren ein unverzichtbares Standbein zur Finanzierung kirchlicher Arbeit darstellen.

Schlaglichter aus der Diskussion:

Wir werden in den nächsten 10 Jahren etwa 30 Prozent der Kirchensteuermittel verlieren. Wir müssen also jetzt handeln und etwas aufbauen, das geeignet ist, zusätzliche private Gelder anzuziehen. Hier erweisen sich Stiftungen als attraktiv (beispielsweise durch die hohe Bedeutung des Stifterwillens, durch Nachhaltigkeit und durch Steuervorteile). Deshalb müssen wir uns als Kirche hier engagieren und Privatpersonen interessante Angebote für stiftendes Handeln machen. Mit dem bloßen Umschichten von Haushaltsmitteln in eine Stiftung wird nichts erreicht.

Stefan Werner

THESE 4:

Warum Stiftungen ? Nicht die Rechtsform, sondern der Inhalt entscheidet über den Erfolg jeder Fundraising-Maßnahme.

Schlaglichter aus der Diskussion:

Mit einer Stiftungsgründung allein ist noch nichts erreicht. Wenn ein Kirchengemeinderat glaubt, die Sache sei erledigt, wenn er mit 5000 Euro aus dem Haushalt eine unselbständige Stiftung errichtet, irrt er. Eine Stiftung mit so geringem Vermögen ist nur ein Vehikel, sie bewirkt noch nicht viel. Es braucht von Anfang an den langen Atem und den Willen zum nachhaltigen Fundraising, um die Stiftung so aufzubauen, dass sie für die Menschen einen attraktiven Anlass bietet, Kirche zu unterstützen.

THESE 5:

Niemand stiftet zugunsten eines kirchengemeindlichen Haushaltes.

Schlaglichter aus der Diskussion:

Wir müssen uns klar machen, dass uns niemand nur deshalb unterstützt, weil der kirchengemeindliche Haushalt Defizite aufweist. Wir müssen lernen konkret zu sagen, was wir tun, weshalb das wichtig ist und wem es nützt. Wer Finanzmittel zur Verfügung stellen könnte, will konkret wissen, was er damit bewirken kann. Die Aussicht, ein Haushaltsloch zu stopfen, wirkt nicht motivierend.

Stiftende legen den Zweck selbst fest, den ihre (Zu-)Stiftung dauerhaft fördern soll. Wir können förderungswürdige Zwecke anbieten. Und sollten offen sein für die Ideen von Stiftungswilligen.

Eine Stiftung und ihre Zustifter

Die Communität Christusbruderschaft Selbitz

Sr. Mirjam Zahn

PowerPoint-Präsentation:

- Zweck der CCB-Stiftung
- Entwicklung der CCB-Stiftung
- Woher kommen die Zustiftungen?
- Zustifter
- Spezielles Anlageprofil der CCB-Stiftung

Das Zentrum in Selbitz

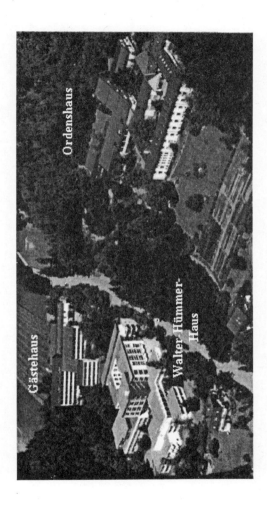

Mirjam Zahn

Das Zentrum und die Konvente

Kloster
Wülfinghausen

Zulu-Land, Südafrika

St. Marien Kloster Verchen

Hof Birkensee

Kloster Petersberg

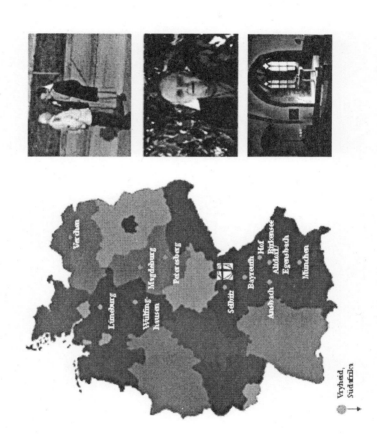

Das Zentrum und die Konvente

Mirjam Zahn

Zweck der CCB-Stiftung

Die CCB-Stiftung fördert die Aufgaben der Communität Christusbruderschaft Selbitz:

- Missionarische Aufgaben im Ausland

- Missionarische Aufgaben Deutschland

- Seelsorgearbeit in unseren Gästehäusern

Aufgaben im Ausland

Hilfe und
Unterstützung von
Aidskranken und
ihren Angehörigen

Begleitung von
Sterbenden

Missionarische und
seelsorgerliche
Arbeit in den
Gemeinden.

Aufgaben in Deutschland

Wir übernehmen
Dienste in Gruppen
und Gemeinden,
die oft nur teilweise
oder auch gar nicht
bezahlt werden
können.

Seelsorgearbeit in unseren Gästehäusern

Auch Gäste, die aus eigenen Mitteln den Aufenthalt in einem unserer Gästehäuser nicht aufbringen können, möchten wir willkommen heißen.

Entwicklung der CCB-Stiftung

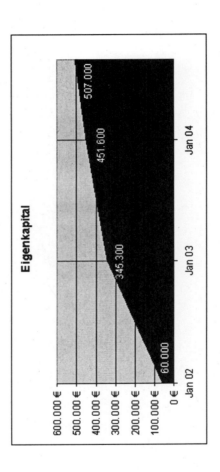

Woher kommen die Zustiftungen?

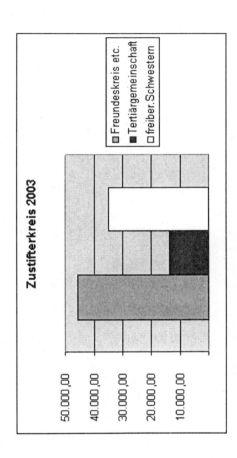

Zustifter

- Freundeskreis:
  Menschen, die sich bei uns zuhause fühlen.
  Menschen, die inneren Gewinn aus ihren Aufenthalten bei uns ziehen.
  Menschen, die konkrete Projekte unserer Arbeit fördern wollen.

- Tertiärgemeinschaft:
  Menschen, die in ihren Gemeinden und Familien die Spiritualität der CCB leben wollen und eine verbindliche Gemeinschaft untereinander bilden.
  Soweit möglich geben sie „den Zehnten" als Spende an die CCB – Zustiftungen sind hier nicht enthalten.

- Schwestern, die aufgrund der Art ihrer Tätigkeit steuerlich selbständig sein müssen und ihre Überschüsse der CCB überweisen.

Spezielles Anlageprofil der CCB-Stiftung

Wir wollen, dass das Geld unserer Stiftung Leben fördert und nicht hindert oder gar zerstört.

↑ Keine Gelder für Rüstung, Glücksspiel, Kinderarbeit oder sonstige Menschenrechtsverletzungen, Pornographie etc.

↑ Förderung von ökologisch, sozial und kulturell besonders aktiven Unternehmen und Banken.

Untersuchungen der letzten Jahre

ergaben eindeutig, dass ethisch-ökologische Anlageprodukte mindestens gleiche Rendite im Vergleich zu herkömmlichen Produkten erzielt haben. Vor allem ältere Ethikfonds entwickelten sich überdurchschnittlich.

Mirjam Zahn

Spezielles Anlageprofil der CCB-Stiftung

Unsere Konkretion:

Sparanlagen bei Geldinstituten mit klar nachvollziehbarer Anlagepolitik (Umweltbank, Bank für Orden und Mission)

Fonds, die eindeutige Ausschluss- bzw. Förderkriterien deklarieren und anwenden

„Irritation sein
von unheilen ökonomischen und monetären Strukturen!
Es ist zu klären, in welcher Weise wir als Akteure in der
Geldmarktwirtschaft strategisch vorgehen können, um
kleinschrittige Veränderungen des Normalbereiches der
faktischen Gegebenheiten zu erreichen."
(Prof. Johannes Hoffmann)

So finden Sie Zustifter

Wie bei uns alles anfing

Wolfgang Grieshammer

PowerPoint-Präsentation:

- Werte sehen!
- Namen finden!
- Immer im Gespräch bleiben!
- Stifter sind die besten Zustifter!
- Wie gewinne ich neue Zustifter?
- Wie gestalten wir die Werbung?

Die Häuser stehen unter Denkmalschutz und sind ca. 700 Jahre alt, Haus Nr. 12 ist das älteste Steinhaus Kemptens. Sensationelle archäologische Funde aus den Häusern finden sich heute im Allgäu Museum Kempten.

Werte sehen!

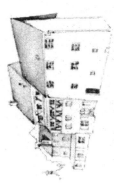

Renovierung von 1996 bis 1998 für rund 2,7 Mio Euro, davon über 500.000 Euro aus Spenden.

Namen finden!

PROJEKT Luftblick

Diakonisches Werk / Johannisverein Kempten

Seit Eröffnung am 19.09.1998 ist dieses Haus der „Mittelpunkt" der Diakonie im Dekanat Kempten. Es beherbergt:

➤ die Bezirks- und Geschäftsstelle

➤ die Sozialpsychiatrische Tagesstätte,

➤ den Sozialpsychiatrischen Dienst mit Betreutem Wohnen und Arbeitsassistenz;

➤ die Kirchliche Allgemeine Sozialarbeit,

➤ die Schuldnerberatung.

Annuität des Projekts läuft in geregelten Bahnen.

Deshalb wollten wir die Unterstützer frei geben - Folge:

Auflösung des Fördervereins.

Aber! Wo und wie bündeln wir dieses ideelle und materielle Engagement für die Zukunft?

Fördervereinsmitglieder werden
Mitglieder im DW!

Idee der Gründung einer Stiftung!

Warum?

Die Personen des
Fördervereins, können
potentielle Stifter sein,
zumindest sehr gute
Multiplikatoren und
Botschafter für eine Stiftung.

Werte sehen......
.... stiften gehen!

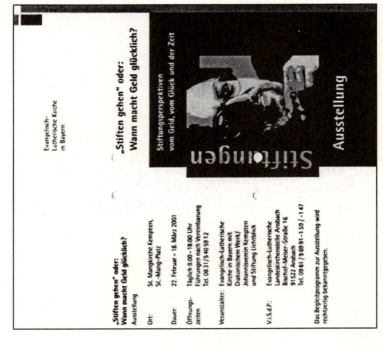

Evangelisch-
Lutherische Kirche
in Bayern

„Stiften gehen" oder:
Wann macht Geld glücklich?

Stiftungsperspektiven
vom Geld, vom Glück und der Zeit

Ausstellung

„Stiften gehen" oder:
Wann macht Geld glücklich?
Ausstellung

Ort: St. Mangkirche Kempten,
St.-Mang-Platz

Dauer: 22. Februar – 18. März 2001

Öffnungs-
zeiten: Täglich 9.00 – 18.00 Uhr
Führungen nach Vereinbarung
Tel. 08 31/5 40 59 12

Veranstalter: Evangelisch-Lutherische
Kirche in Bayern mit
Diakonischem Werk/
Johanneisverein Kempten
und Stiftung Lichtblick

V.i.S.d.P.: Evangelisch-Lutherische
Landeskirchenstelle Ansbach
Bischof-Meiser-Straße 16
91522 Ansbach
Tel. 09 81 / 9 69 91 - 1 50 / -1 47

Das Begleitprogramm zur Ausstellung wird
rechtzeitig bekanntgegeben.

Diakonie will neuen „Lichtblick" bieten

Verein plant bis März Stiftung aus der Taufe zu heben

Von Markus Raffler

Kempten – „Lichtblick" heißt das Diakonische Werk vor Jahren mit der Unterstützung der Stadt Kempten zu einem Zentrum geschaffenes Projekt. Nun soll ein neuer Lichtblick folgen. Die Diakonie will in Kürze eine Stiftung aus der Taufe heben, die die vielfältigen Aufgaben des Hauses fördern soll.

Mehr als zwei Dutzend Stiftungen gibt es derzeit in Kempten (siehe Wortweiser). Bis Ende März will der Beigeordnete gemeinsam mit dem Dekanat eine weitere.

Zitat
„Der Gedanke, Spuren zu hinterlassen, erscheint in unserer schnelllebigen Zeit ein wichtiges Argument für Stiftungen zu sein."

Oberbürgermeister Dr. Ulrich Netzer

Traditionell hilfsbereit

An die glühenbesetzte Tradition der Hilfsbereitschaft in Kempten Bürgern und Zünften erinnerte OB Dr. Ulrich Netzer.

Stiftungen

→ Wortweiser

.. Ausstellungseröffnung 21. Februar 2001

Beginn 18 Uhr im Chorraum der St. Mangkirche

Musik Orgel und Flöte
Begrüßung Dekan Hans Gerhard Maser

Eröffnung der Ausstellung durch Herrn Oberbürgermeister Dr. Netzer
(Thema der Ausführungen sollte der Begriff und Inhalt einer Bürgerstiftung sein, wozu die Ausstellung hinreichend Beispiele beinhaltet.)

Musik
Dank, Abschluß und Einladung zur Besichtigung und anschließenden Imbiß im Haus Lichtblick – Herr Heinz Glantschnig

Musik zum Ausklang

Pressegespräch 18:45 h

Im Malraum Haus Lichtblick:
Moderation des Gesprächs Frau Pfarrerin Ortmann
Es kommen zu Wort:

Herr Oberbürgermeister Dr. Netzer – Thema: Warum ist eine Bürgerstiftung Lichtblick für die Stadt Kempten wichtig?

Herr Thomas Heydenreich, Rechtsanwalt – Thema: Der steuerliche Aspekt von Vermögenswerten die für eine Stiftung gegeben werden.

Herr Wolz, Stifter – Thema: Warum ich bei dieser Stiftung mitmache.

Herr Dekan Maser – Dank und Aufruf, sich an der Gründung der Stiftung zu beteiligen.

Ende 19:15 Uhr

Namen finden!

Projekt und Werbename wird übertragen.

Aus Projekt Lichtblick wird

Stiftung Lichtblick!

Stiftung »Lichtblick« will das Diakonische Werk in Kürze aus der Taufe heben. Die Vorstellung des Projektes verfolgen (von rechts) Dr. Ulrich Netzer, Hans Gerhard Maier, Heinz Glantschnig, Diakonie-Geschäftsführer Wolfgang Grieshammer und Dietmar Wolz. Foto: Wild

Langfristig Gutes tun

4.101 SS

Stiftung »Lichtblick« soll das Diakonische Werk in Kempten unterstützen

Stiftungen für wohltätige kulturelle Zwecke gehören seit Jahrhunderten zu unserer Gesellschaft. Die Idee, mit seinem Kapitalstock langfristig gute Sachen zu unterstützen, ist allerdings in den letzten Jahrzehnten etwas in Vergessenheit geraten. Nun werden die Stiftungen wieder modern, nicht zuletzt wegen verbesserter steuerlicher Regelungen.

Die erste evangelische Stiftung in Kempten will jetzt das Diakonische Werk/Johanniterin ins Leben rufen. Die Stiftung »Lichtblick« soll der Diakonie bei abzehnenden Problemen« unter die Arme greifen, wie es Geschäftsführer Wolfgang Grieshammer bei der Vorstellung der Idee in der St.-Mang-Kirche sagte.

Besonders in der Sozialstation sollen Stiftungsgelder bald die finanziell Situation verbessern. Menschliche Gesten für bettlägrige Menschen müssten oft auf der Strecke bleiben, bedauert Heinz Glantschnig, erster Vorsitzender des Diakonischen Werks. Für ein

kurzes Gespräch an der Bettkante hätten Pflegekräfte oft keine Zeit mehr. Und trotzdem reichten die Mittel der Krankenkassen nur sehr knapp.

Mit 100 000 Mark Grundstock soll die Stiftung »Lichtblick« zunächst ausgestattet sein und durch Spenden und Zustiftungen aufgestockt werden.

Einer, der spontan 10 000 Mark einzahlte, ist der Apotheker Dietmar Wolz. In seinem Beruf erlebe er, wie viel Zuwendung ältere Menschen heute brauchten, sagte der 41-jährige. Gereizt hat den Stifter aber auch, »dass ich langfristig investiere«.

Es gilt zu handeln statt zu klagen, um Defizite zu überwinden«, sagte Dekan Hans Gerhard Maier in der St.-Mang-Kirche, wo auch die Ausstellung »Stiften geben oder: Wann macht Geld glücklich« der bayerischen Landeskirche eröffnet wurde.

Die Ausstellung informiert über Stiftungen, das bereits jahrhunderte bestehen, wie die Stiftung »Heilig-Geist-Spitale in Lindau,

die Ausstellung »Stiften geben wird derzeit in Kempten gezeigt. Foto: jo

■ Daneben stellt aber auch die Silberborn-Stiftung aus dem Jahr 1996. Ihr Zweck: das Gemeindeleben der Kirchengemeinde Nürnberg-Worzeldorf fördern.

■ Die Ausstellung ist noch bis 18. März in der St.-Mang-Kirche zu sehen. Die Kirche ist werktags geöffnet.

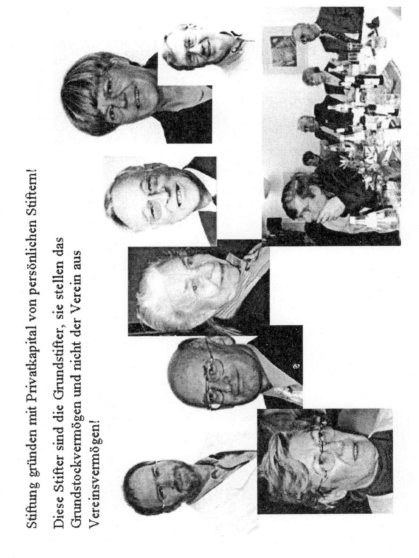

Stiftung gründen mit Privatkapital von persönlichen Stiftern!

Diese Stifter sind die Grundstifter, sie stellen das Grundstockvermögen und nicht der Verein aus Vereinsvermögen!

Wolfgang Grieshammer

Diakonisches Werk / Johannisverein Kempten

Stiftung Lichtblick

⫽ Vom 22. Februar 2001 bis 18. März 2001 präsentierte sich die Ausstellung „Stiften gehen oder wann macht Geld glücklich?" in der St. Mangkirche. Diese Ausstellung nutzte das DW um für ihre Stiftung Lichtblick zu werben.

⫽ Am 6. April 2001 errichtete das Diakonische Werk Kempten die Stiftung mit einem Grundstockvermögen von 110.000 DM, das von 14 Stifter/innen innerhalb eines Monats aufgebracht wurde.

⫽ Die Stiftung Lichtblick verfolgt ausschließlich und unmittelbar gemeinnützige, mildtätige und kirchlich Zwecke, durch Zuschüsse zur Arbeit des DW Kempten und der Bezirksstelle im Dekanat Kempten.

Immer im Gespräch bleiben!!

Stiftung Lichtblick

Es ist gelungen!

Wir haben das angepeilte Grundstockvermögen von 100.000 DM von rund 15 Stiftern und Stifterinnen erhalten.

Das ist einen Dank und eine Feier zur Freude mit Ihnen wert.

Dazu laden wir Sie sehr herzlich ein, am

Freitag, den 30. März 2001 um 17:30 Uhr

in das Café im Haus Lichtblick.

Wir würden uns sehr freuen, wenn Sie sich für eine gemütliche, informative Stunde Zeit nehmen würden.

Mit besten Grüßen

Wolfgang Grieshammer

Bitte teilen Sie uns kurz telefonisch mit, ob wir mit Ihnen rechnen dürfen.

Tel: 0831/ 54059-12, Fax 54059-19

e-mail: verwaltung@diakonie-kempten.de

Stifter sind die besten Zustifter!

Immer im Gespräch bleiben!!

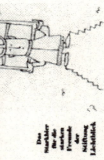

AZ · Dienstag, 10. April 2001 · Kr / Nummer 84

Grundkapital für Stiftung in Rekordzeit beisammen

Förderer spenden 100 000 Mark für „Lichtblick" der Diakonie

Kempten (ruf). Das Diakonische Werk hat es geschafft: In der Rekordzeit von vier Wochen kam dank privater Förderer 100 000 Mark für die Gründung der Stiftung „Lichtblick" zusammen. „Das Grundkapital haben wir, jetzt fehlt nur noch die Zustimmung des Kultusministeriums", freut sich Diakonie-Geschäftsführer Wolfgang Grieshammer über die reibungslose Geburt. Mit dem Plazet des Ministeriums rechnet er in etwa sechs bis acht Wochen.

licher Maßnahmen im „Haus Lichtblick" eine denkbare Aufgaben.

Diakonie-Geschäftsführer Grieshammer ist sich freilich bewusst, dass mit dem Grundstock von 100 000 Mark allein keine großen Sprünge zu machen sind. „Effektive Mittel werden wir wohl erst für die nächste Generation ausschütten können", schätzt er. Ziel sei es nun, neben weiteren „Groß-Sponsoren" viele kleine Förderer zu gewinnen. Dazu soll ein spezieller Flohmarkt beitragen. Zudem will das Diakonische Werk bei Veranstaltungen verstärkt für die Bürgerstiftung werben.

Ziel der neuen Bürgerstiftung ist es, die evangelische Sozialarbeit im Dekanat Kempten in all ihren Facetten zu unterstützen (wir berichteten). So wollen laut Dekan Hans Gerhard Mauer eines Tages Fördermittel für Seniorenaktionen oder kirchliche Altenpflege fließen. Doch auch die Anschaffung eines Behinderten-Transporters oder die Unterstützung bau-

Den Vorstand der Stiftung „Lichtblick" übrigens eine von oben. Zu ihm gehören Dekan Hans Gerhard Mauer, der Diakonie-Geschäftsführer Wolfgang Grieshammer (Stiftungsvorstand), dort vertreten und Heinz Heydenreich und Ingrid

Stifter sind die besten Zustifter....

Urkunde der ersten nicht rechtsfähige Unterstiftung „......Name des Stifters..." wird durch Regionalbischof, im Rahmen einer Feierstunde, überreicht.

Wie gewinne ich neue Zustifter ?

- Vorhandene Stifter immer gut informieren - Stifter sind die besten Zustifter.
- Ansprechpartner Steuerberater (Liste), dazu Beispiele wie steuerlich gespart werden kann.
- Angebot auf Beratung bei Testament (Rechtsberatungsgesetz!)
- Plakate für Gemeinden und ....
- Spenderhinweise auf Folder
- Notare persönlich ansprechen wg. Nachlaßberatung (welcher Notar?)
- Personen durch persönliche Beziehungen ansprechen
- Frage: Ist eine Stiftungsbeitrag für Unternehmen steuerlich interessant? Wenn ja, dann welche Unternehmen ansprechen (evtl. namentliche Unterstiftung anbieten, - Handwerksbetriebe, Handel, eher keine Großunternehmen)
- Firmenjubiläen?

Wie gestalten wir die Werbung?

- Folder / Prospekt:
  Inhalt unseres Briefes überarbeiten;

    Was tut Diakonie; Wie finanziert sich Diakonie; --
    Woran beteilige ich mich?
    Wissen über die Stiftung fördern durch Information;
    Was bringt mir das?
    - steuerlich / ökonomisch, - ethisch - ich tue etwas was nach meinem Tod noch Wirkung hat -
                                                        Werte schaffen.?

    Wozu werden Ausschüttungen aus der Stiftung verwendet und warum;
    Personen die Grundstifter waren, mit Bild und Text „Warum ich Stifter geworden bin?"
    Fragen? Dann wenden Sie sich an...... Bild /Name / Adresse

- Vorstellungen mit Profis entwickeln... Möglichst kostenlos,
- Künstlerkontakte,
- Plakate
- Internet
- Links bei DW Bayern, Kirche, Stadt etc.
- Presse Informationen kontinuierlich;
- Kamingespräche für Interessierte / Powerpoint Präsentationen;
- Zeitungsinserate, - Beilage in der Zeitung
- Infomappe
- Apothekerzeitung, bei Apotheken die Stifter sind,
- Briefpapier

www.diakonie-kempten.de

STIFTUNG LICHTBLICK

Stiftung Lichtblick · St. Mang-Platz 12 · 87435 Kempten (Allgäu)

- Vom 22. Februar bis 18. März 2001 warb das DW mit der Ausstellung „Stiften gehen oder wann macht Geld glücklich?" in der St. Mangkirche, für die Errichtung einer Bürgerstiftung Lichtblick in Kempten.

- Am 6. April 2001 errichtete das Diakonische Werk Kempten dann die Stiftung Lichtblick, mit einem Grundstockvermögen von 110.000 DM (rd. 56.000 Euro), das von 14 Stifter/innen innerhalb eines Monats aufgebracht wurde.

- Die Stiftung Lichtblick verfolgt ausschließlich und unmittelbar gemeinnützige, mildtätige und kirchlich Zwecke, durch Zuschüsse zur Arbeit des DW Kempten und der Bezirksstelle im Dekanat Kempten.

- Die Stiftung ist eine kirchliche Stiftung des bürgerlichen Rechts.

- Die Stiftung hat mit einer Unterstiftung heute ein Grundstockvermögen von rund 410.000 Euro.

- Dieses Kapital wurde, ohne Kapitalinput des Diakonischen Werkes / Johannisverein Kempten, neu generiert!

- Erste Zinsausschüttungen für die Arbeit der Diakonie im Jahr 2003 rd. 5.000 €, in 2004 erwarten wir rd. 7.000 €.

- Wir glauben mit hoher Sicherheit in weiteren 3 Testamenten verankert zu sein.

Zusammenfassung Beispiel DW Kempten

Diakonisches Werk / Johannisverein Kempten (seit 1854)

Werbung → griffiger, wirksamer Name! Lichtblick → Eingeführten Namen halten und nutzen! Stiftung Lichtblick! → Langfristig... Diakonie Kempten ist ein „Lichtblick"!

Werte sehen - Immobilien für Arbeit der Diakonie → Gründung eines Fördervereins zur Finanzierung der Immobilien → Nach Abgeschlossener Finanzierung - Überleitung des Potentials in langfristiges Engagement stiften gehen → Gründung der Stiftung Lichtblick → Erlöse aus der Stiftung Lichtblick für langfristige Sicherung der Arbeit des Diakonischen Werkes / Johannisverein Kempten (weitere 150 Jahre!)

115

Wie gründet man eine Stiftung?

Das Beispiel der Stiftung der Evangelischen Gesellschaft Stuttgart

Kai W. Dörfner

„Mit der Gründung von eva's Stiftung möchten wir Wege der Hoffnung auf Dauer bewahren. Unsere beständige und notwendige Arbeit soll dadurch langfristig gesichert werden." Mit diesen Worten hatte der Vorstandsvorsitzende der Evangelischen Gesellschaft Stuttgart e. V. (*eva*) im Frühjahr 2003 zur Gründung der „Stiftung der Evangelischen Gesellschaft Stuttgart" eingeladen. Der Aufruf trug Früchte: über 1,15 Millionen Euro und rund 100 Stifterinnen und Stifter lautet ein gutes Jahr später die stolze Bilanz im Sommer 2004. Dies ist ein großer Vertrauensbeweis in die Arbeit von *eva*.

Wer ist *eva*? Menschen in Notlagen zu helfen ist seit 1830 Aufgabe der Evangelischen Gesellschaft Stuttgart. In rund siebzig Diensten, Beratungsstellen, Wohngruppen und Heimen kümmern sich derzeit etwa 800 Mitarbeitende um Menschen in Not. Dabei werden sie von über 400 ehrenamtlich tätigen Frauen und Männern sowie 60 Zivildienstleistenden unterstützt. Ins Haus der Diakonie in Stuttgarts Mitte kommen unter anderem arme Menschen ohne und mit Wohnung, Schwangere, Überschuldete, Suchtkranke und Migranten. Andere suchen wir auf: Zu Hause, auf der Straße oder im Gefängnis. Mit unseren Wohngruppen, Heimen und Beratungsstellen sind wir in Stuttgart präsent. Auch im Rems-Murr-Kreis und dem Landkreis Esslingen finden Hilfesuchende Anlaufstellen.

Wie es zur Gründung von *eva's* Stiftung kam, zeigen die folgenden Seiten.

1. Erste Überlegungen

Stiftungen liegen im Trend. Ob Familienstiftung, Förderstiftung, Gemeinschaftsstiftung, ob kirchlich, bürgerlich oder als GmbH – Stiftungen bieten viele Möglichkeiten. Spendensammelnde Organisationen und Spender/innen können gleichermaßen von den Vorzügen dieses wohl langlebigsten Fundraising-Instruments profitieren.

Doch welches sind nun diese viel beschriebenen Vorzüge einer Stiftung? Eine Stiftung nur zu gründen, weil es gerade in Mode ist, ist unsinnig. Unsere Stiftung muss zum Fundraising-Mix von *eva* passen, zu unseren finanziellen Zielen. Diese konnten nur langfristig sein, denn für eine einmalige größere Summe, ist eine Stiftung der falsche Weg.

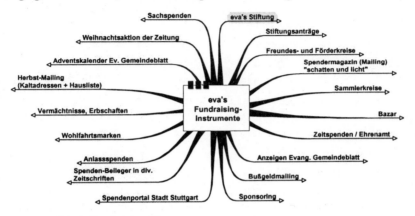

Abb. 1: Fundraising-Mix von eva

1.1 Motive der Evangelischen Gesellschaft Stuttgart

a) Regelmäßiger Mittelfluss
Eine Stiftung schüttet nur die Zinserträge aus. Langfristig sind damit 4-6% Ertrag erzielbar. Ein Ertrag, der verhältnismäßig stabil kalkulierbar ist und nicht wie wechselnde Spendenerträge von einer Flutkatastrophe (wie aktuell 2004 in Südostasien) usw. geschmälert wird.

Damit nicht nur Geld „vernichtet" wird (die Mittel des Stiftungsvermögens stehen als solche ja erst einmal nicht für Soziales direkt zur Verfügung), sondern nennenswerte Beiträge für unsere Arbeit heraus kommen, musste unsere Stiftung eine hohe Kapitaldecke erhalten und auch nach der Gründungsphase aktiv beworben werden. Der übliche Mindestbeitrag von 50.000 Euro für eine Stiftung deckt mit seinen Erträgen gerade mal die laufenden Kosten und vielleicht den Inflationsausgleich. Ausschüttungen sind bei so einer geringen Summe fast undenkbar.

b) Ansprache von Großspender/innen

Für Großspender bot unser Fundraising-Mix noch kein spezielles Angebot, gerade unter steuerlichen Gesichtspunkten. Die beschränkte Abziehbarkeit von Spenden limitiert für viele Spender ihre jährliche Gabe. Stiftungen sind hingegen steuerlich privilegiert. Pro Jahr können zusätzlich zu den normalen Spenden bis zu 20.450 Euro abgesetzt werden. Bei der Gründung einer Stiftung – einschließlich der ersten 12 Monate nach erfolgter Gründung – steigt dieser Betrag sogar auf stolze 307.000 Euro an. Letzteres auf Wunsch sogar auf 10 Jahre verteilt. Stiftungen sind damit für Großspender sehr interessant.

c) Ansprache von (potentiellen) Erblasser/innen

Erblasser möchten oft, dass mit ihrem vererbten Vermögen auf Dauer Gutes getan wird. Da bei einer Stiftung das Stiftungsvermögen ungeschmälert erhalten bleibt, passt dies sehr gut zu dieser Absicht.

d) Keine Konkurrenz intern aufbauen

Es macht wenig Sinn, ein neues Fundraising-Instrument einzusetzen, welches ein bestehendes Instrument, z. B. die normale Spendenwerbung, kannibalisiert. Daraus ergaben sich folgende Ziele:

Ziel I: 500.000 Euro während der Gründungsphase einwerben.

Ziel II: Stiftungskapital innerhalb von 10 Jahren auf 10 Mio. Euro aufstocken.

Ziel III: *eva's* Stiftung muss spendenneutral gegründet werden.

Wie lassen sich diese Ziele nun umsetzen? Folgende Maßnahmen kristallisierten sich heraus:

Erste Maßnahme: 5.000 Euro Mindesteinlage

1. Damit lenken wir, dass die normalen kleineren Spenden nicht zur Stiftung abwandern.

2. Wir erwarten, dass die meisten Stifter/innen sich genau mit 5.000 Euro beteiligen werden. Rein rechnerisch erreichen wir damit bereits mit 100 Stiftern unser gesetztes Ziel für die Gründungsphase.

3. Wäre die Mindesteinlage 1.000 Euro, würden vermutlich etwas mehr Menschen sich an der Stiftung beteiligen, für unser Ziel bräuchten wir aber die fünffache Stifteranzahl!

4. Ein hoher Stiftungsbeitrag wirkt attraktiv, da die Stiftung damit exklusiv wird.

Zweite Maßnahme: Außerhalb der Hauptspendenzeit werben

Ein Großteil der Spenden kommt bei *eva* – wie bei den meisten Spendenorganisationen – von November bis Januar an. Um hier keine Zielkonflikte intern aufkommen zu lassen, sollte unsere Gründungsphase im März starten und Mitte November beendet sein.

1.2 Angenommene Motive der Stifter/innen

So wichtig es ist, die organisationseigenen Interessen an einer Stiftungsgründung zu kennen, so viel wichtiger ist es doch, die Motive seiner zukünftigen Stifter/innen zu kennen. Denn diese Motive sind es, an welche offensichtlich oder unterschwellig appelliert werden muss, um zum Erfolg zu gelangen. Ich hatte vorab folgende Motive unserer (in diesem Moment noch fiktiven) Stifter theoretisch identifiziert:

a) Exklusivität
Die meisten Menschen möchten in irgendeiner Form etwas „Besonderes" sein. Als Stifter/in ist man Teil eines exklusiven Kreises, vergleicht man es mit der vielfach größeren Gemeinschaft aller Spender/innen. Stiftungen werden mit Millionären identifiziert, welche ein großes Vermögen geben.

b) Steuerliche Vorteile
Insbesondere bei Rentnern – und die meisten unserer Spender/innen sind im Rentenalter – ist die steuerliche abzugsfähige Höchstgrenze (5 bzw. 10% des Einkommens) bei Spenden bald erreicht. Die Steuervorteile einer Stiftung machen diese für viele sehr interessant.

c) Selbstverwirklichung
Der Traum, dass irgendetwas von uns bleiben soll, wenn wir einmal gehen müssen, schlummert in vielen Menschen. Wer es kann, lässt zu Lebzeiten Denkmäler errichten. Eine Stiftung, gerade wenn sie mit dem eigenen Namen verbunden ist, ist so ein Denkmal.

d) Strenge Stiftungskontrolle

Stiftungen werden weit strenger kontrolliert als Vereine. Wer sein Geld einer Stiftung übereignet, kann sich relativ sicher sein, dass die Mittel zweckgebunden eingesetzt werden. Die jährliche Kontrolle durch die Stiftungsaufsicht garantiert dies.

e) Nachfolgeproblem lösen

Viele ältere Menschen haben keine Angehörigen und wissen nicht, wem sie ihre (oft beträchtlichen) Ersparnisse im Todesfall zukommen lassen sollen. Andere wiederum möchten eine automatisch eintretende Erbfolge verhindern. Testamentsspenden sind für diese Menschen eine elegante Lösung ihres Nachfolgeproblems.

f) Langfristiges, größeres finanzielles Engagement

Spender/innen klagen oft über die ständig steigende Flut an Spendenbitten, gerade zur Weihnachtszeit. Manch eine/r entschließt sich, sein Engagement auf einige wenige Organisationen zu beschränken. Diese erhalten dafür häufig größere Summen. Eine Stiftung bietet einen wirkungsvollen Anreiz für ein langfristiges Engagement, denn die eingesetzten Mittel bleiben auf Dauer erhalten – sie können sogar durch Zustiftungen aufgestockt werden.

g) Kirchentradition Stiftung

Unsere Spenderschaft ist stark kirchlich gebunden. Stiftungen sind nun ein zutiefst christliches Instrument, um Gutes zu tun. Die ältesten Stiftungen Deutschlands sind samt und sonders christlich. Wer sich also zu einer (Zu) Stiftung entschließt, reiht sich in eine lange geübte christliche Praxis ein.

h) Von der Arbeit von eva überzeugt

Zuletzt, aber nicht unwichtig: Wer für eine Stiftung gibt, welche die Arbeit der Evangelischen Gesellschaft Stuttgart unterstützen soll, muss von der Notwendigkeit dieser Arbeit überzeugt sein, wird sie aller Voraussicht nach bereits kennen.

Bei den obigen Motiven ist uns aber klar, dass einige davon unbewusst sind oder gesellschaftlich mit einem Tabu behaftet sind. Das heißt, man darf sie – zum Beispiel in Broschüren oder im Gespräch – nur indirekt ansprechen und nicht direkt daran appellieren. Gleichwohl bestimmen diese Motive das Handeln.

2. Vorarbeiten

2.1 Satzung

Stiftungssatzungen sind, im Gegensatz zu einer Vereinssatzung, in ihrem Kern praktisch unveränderlich. eine Stiftungssatzung muss daher auf lange Zeit, auf „ewig" ausgelegt sein. Das bedeutet, dass sie so genau wie nötig, so offen wie möglich gehalten sein muss. Der erste Entwurf ist schnell geschrieben. Im Internet und den einschlägigen Ratgebern gibt es ausreichend Mustersatzungen, aus welchen sich schnell eine eigene Satzung stricken lässt. Der Zweck wurde aus der *eva*-Satzung im Prinzip übernommen, ergänzt um einige Punkte, welche möglicherweise in der Zukunft relevant sein könnten. Länger dauerte die Diskussion über die Gremien und ihre Besetzung. Die Stiftung sollte kein Eigenleben neben *eva* entfalten, d. h. der Vorstand wurde sehr eng mit dem *eva*-Vorstand verzahnt.

eva's Stiftung ist eine Gemeinschaftsstiftung, welche nur aus den Zuwendungen der Stifter/innen gegründet wurde. Das bedeutet, dass wir mit der Stiftungsaufsicht abklären mussten, welche Unterschriften die künftigen Stifter/innen bringen mussten, wer die Satzung letztendlich zu unterschreiben hat. Wir entschieden uns für einen vorgefertigten „Zeichnungsbrief", der von den Stiftern zu unterschreiben war.

Um eine wasserdichte Satzung zu haben, mussten wir sie abstimmen:

a) Stiftungsaufsicht
Die Stiftungsaufsicht prüft die Satzung und kann sehr wertvolle inhaltliche Ratschläge geben – wenn die dort Zuständigen gefragt werden. Die rein formalen Kriterien sind sehr gering und leicht zu erfüllen. Wer sich aber die Mühe eines ausführlichen Gesprächs macht, wird wertvolle Hinweise erhalten. Aufsicht sind je nach Bundesland z. B. die Regierungspräsidien. Für kirchliche Stiftungen – *eva's* Stiftung ist kirchlich – ist dies die jeweilige kirchliche Aufsicht.

b) Finanzamt
Die soweit abgestimmte Satzung erhält nun, wir streben ja die Gemeinnützigkeit der Stiftung an, das zuständige Finanzamt für Körperschaften. Auch hier erfolgt wieder eine Prüfung und es gibt eine Bescheinigung, dass die vorliegende Stiftungssatzung den Bestimmungen zur Gemeinnützigkeit

entspricht. Dieses Schreiben muss dann bei der eigentlichen Anmeldung der Stiftung der Stiftungsaufsicht vorgelegt werden.

2.2 Bankverbindung

Es gab für uns drei gute Gründe, eine völlig neue Bankverbindung einzurichten. Es wirkt ernsthafter und seriöser, wenn die eingehenden Stiftungsbeiträge gleich auf einem eigenen Konto landen und nicht auf dem normalen Geschäfts- oder gar Spendenkonto verbucht werden. Dann ist auch der Verwendungszweck eindeutig und es kann keine Fehlbuchungen geben.

Fürs Fundraising war die Wahl eines neuen Kontos sehr wichtig. Im Laufe der Sammlungsphase kamen immer wieder Anfragen von Menschen, welche eine kleinere Summe zugunsten der Stiftung überweisen wollten. Genau dies wollten wir aber nicht, es sollte keine Konkurrenz zu den regulären Spendenaktivitäten von *eva* aufgebaut werden. Daher hielten wir das Stiftungskonto geheim und veröffentlichten es weder in der Stiftungsbroschüre, noch in irgendwelchen anderen Publikationen. Lediglich die Stifter/innen erfuhren es, nachdem sie uns den ausgefüllten Zeichnungsbrief geschickt hatten.

Das Konto wurde gleich als „Sonderkonto" mit dem Vermerk „eva's Stiftung" eingerichtet, so dass es nach der Gründung nahtlos von *eva* auf die Stiftung umgeschrieben werden konnte.

2.3 Argumente und Gegenargumente

Für die interne Diskussion, aber auch für zu erwartende Anrufe nach dem ersten Mailing, wurde eine Liste von Argumenten für die Stiftung erstellt. Wichtiger war aber noch eine Liste möglicher Einwände zur Stiftung (Killerphrasen). Zu diesen entwarfen wir dann jeweils wiederum Gegenargumente (Killerphrasen-Killer).

2.4 Stiftungsbroschüre

Für *eva's* Stiftung wurden zwei Publikationen aufgelegt. Einerseits ein Werbeflyer mit Bestellpostkarte, um die ausführliche Stiftungsbroschüre anzufordern. Der Flyer, Auflage rund 6.000, wurde an Kirchengemeinden verschickt. Um es kurz zu machen: Die Resonanz war mehr als dürftig, keine zehn Bestellkarten gingen ein. Wichtigstes Werbemittel war die Stiftungsbroschüre mit folgenden Merkmalen:

- „edel" aufgemacht, kräftiges, leicht getöntes Papier, kein Hochglanz

- 22 Seiten inkl. ausklappbarem Zeichnungsbrief

- DIN A4-Sonderformat (29,7 x 18,4 cm)

- Auflage 4.000 Stück

Abgebildet waren Menschen (Klienten) aus unserer Arbeit. Gebäude, Einrichtungen usw. bilden wir praktisch nie in unseren Publikationen ab. Der Inhalt gestaltete sich wie folgt:

- *eva's* Stiftung – ein Werk, das Früchte tragen wird: Editorial / Anschreiben des Vorsitzenden zur Stiftungsgründung

- Geben hat Tradition: Begründung für unsere Stiftung (warum, warum jetzt), Stifterwand.

- So können Sie *eva's* Stiftung auf den Weg bringen: Gründungsstifter, Stifter eines Fonds, Vermächtnis, Firmenzuwendungen.

- Häufige Fragen zu *eva's* Stiftung: Unterschied Spende/Stiftung, benötigte Summe, Fonds, Geldanlage, Verwendung des Ertrags.

- Steuerliche Fragen: Stiftungstradition: Allgemeiner Stimmungsartikel über Stiftungen, lange Tradition, Bedeutung über die Jahrhunderte)

- Stuttgarter Stiftungen: Visionäre Stuttgarter und ihre Stiftungen, christliche Stiftungstradition.

- Satzung in Auszügen

- Zeitplan für die Stiftungsgründung

- Kontaktperson für Rückfragen (mit Bild)

- Einladung von vier internen und externen Prominenten, sich an der Stiftung zu beteiligen, wobei verschiedene Motivlagen angesprochen wurden: gesellschaftliche Verantwortung, kirchliche Stiftungstradition, diakonische Arbeit, unternehmerische Verantwortung

- Zeichnungsbrief, der abgetrennt und ausgefüllt an uns geschickt werden sollte.

- Rechtlicher Hinweis: Alle Angaben sind sorgfältig recherchiert, können aber der Änderung unterliegen. Das gilt insbesondere auch für die Stiftungssatzung, welche sich im Laufe des Genehmigungsverfahrens noch ändern kann.

Die Inhalte der Broschüre hatten das Ziel, die von uns identifizierten latenten und offensichtlichen Stiftermotive aufzugreifen und zu verstärken. Stifter/innen wurden als „großartige" Persönlichkeiten mit visionärem Weitblick und christlicher Ethik dargestellt – also eine angenehme Projektionsfläche für das mögliche eigene Engagement.

Zentral war die Aussage, dass Stifter keine Millionäre sein müssen, dass bereits mit einer Zuwendung von 5.000 Euro nachhaltig Gutes getan werden kann.

Zusätzlich zu den obigen Inhalten stellten wir noch in Form stimmungsvoller Bilder und kleiner, zurückgesetzter Texte, einige wenige Aspekte der Arbeit der Evangelischen Gesellschaft Stuttgart vor. Das hatte weniger den Zweck, über uns zu informieren, sondern vielmehr, als Verstärker zu wirken. Denn die Empfänger der Broschüre kennen *eva* in der Regel bereits. Aber durch diese kleinen Texte schlugen wir die Brücke zwischen der „abstrakten" Stiftung und der praktischen diakonischen Arbeit.

Getextet wurde die Broschüre vom Autor dieses Beitrags, das Layout übernahm eine Agentur.

3. Sammelphase

Jetzt, Monate nach den ersten Überlegungen, erfahren erstmals unsere Spenderinnen und Spender von der geplanten Stiftung. *Die wichtigste Arbeit war zu diesem Zeitpunkt schon gemacht!*

Ende Februar 2003
Ganzseitiger Artikel in der vierteljährlich erscheinenden *eva*-Spenderzeitschrift „schatten und licht" (verschickt an rund 15.000 Spender/innen) mit einem Stiftungsaufruf des Vorsitzenden, sowie Vorstellung des Ansprechpartners für die Stiftungsgründung.

Anfang März

Mailing I: Versand eines im Text persönlich gehaltenen Anschreiben des *eva*-Vorsitzenden (Foto, blaue gedruckte Unterschrift, Text mit Anschrift und persönlicher Anrede im Haus eingedruckt) mit der Einladung, sich an der Stiftung zu beteiligen. Die Broschüre lag bei, angeschrieben wurden die 1600 besten Spender/innen der letzten 5 Jahre (Jahresspende, Zeitraumspende).

Außerdem wurde der Flyer an die Pfarrämter im Großraum Stuttgart verschickt, mit der Bitte, diesen auszulegen.

Die Frage „Wen schreiben wir an?" wird oft kontrovers diskutiert: Einige Organisationen sprechen für ihre Stiftung gezielt Außenstehende an, um ihre aktuellen Spenden nicht zu gefährden. Wir sahen es anders: Stifter/innen nehmen den Spitzenplatz der Spenderpyramide ein und rekrutieren sich konsequenterweise aus dem aktuellen Spenderstamm. Ihnen gebührt die Einladung in die Stiftung.

April

Pressegespräch mit folgendem Artikel in verschiedenen lokalen Zeitungen (Tageszeitungen, Evangelisches Gemeindeblatt für Württemberg, Stuttgarter Seniorenzeitung, Wochenblatt). Ziel war weniger, externe Stifter/innen zu gewinnen, sondern den angeschriebenen Spender/innen mit diesen Presseartikeln einen Verstärker zu bieten.

Mai

Zweiter ganzseitiger Artikel in „schatten und licht" (wieder an der gleichen Stelle im Heft, der Umschlagseite drei) mit Auszügen aus der Stiftungsbroschüre (Stuttgarter Stiftungen, christliche Stiftungstradition, „sind alle Stifter Millionäre?", …).

August

Dritter ganzseitiger Artikel in „schatten und licht" mit Fragen, welche uns in den Monaten zuvor erreicht haben samt den dazugehörigen Antworten, z. B. „5.000 Euro sind viel Geld, sind *eva* die kleinen Spenden nichts mehr wert?". Hinweis auf das Ende der Gründungsphase.

Oktober

Mailing II: All diejenigen, welche bisher die Stiftungsbroschüre erhalten hatten (Mailing I, Einzelanforderungen), zwischenzeitlich weder gestiftet noch abgesagt haben, werden nochmals angeschrieben. Ihnen wurde der aktuelle Stand der Stiftung mitgeteilt (Ziel von 500.000 Euro noch nicht ganz erreicht ...), eine erneute Einladung ausgesprochen und der Endtermin für Gründungstifter (14. November) mitgeteilt. Dieser Brief wurde nun, im Gegensatz zum ersten Mailing, von mir als Ansprechpartner der Stiftung unterzeichnet und nicht mehr vom Vorsitzenden.

Vor dem Mailing hatten wir 47 Stifter/innen auf unserer Liste mit rund 433.000 Euro Beiträgen. Nach dem Mailing waren es 90 Stifter/innen mit 740.000 Euro.

14. November 2003

Ende der Gründungsphase, die Stiftung wird bei der kirchlichen Stiftungsaufsicht zur Gründung eingereicht. Dieser „willkürlich" von uns gesetzte Endtermin war aus mehreren Gründen sehr wichtig:

- Dramatisierung: Der Termin erlaubte uns, ohne uns rechtfertigen zu müssen, den Versand des zweiten Mailings im Oktober. Und wie wir merkten, weckte er eine regelrechte Schlussverkaufsstimmung und zwang zur Entscheidung Pro/Contra Stiftungsbeteiligung. Denn viele hatten die Broschüre nach dem ersten Lesen im März erst einmal beiseite gelegt und die Entscheidung zur Beteiligung verschoben. Durch den gesetzten Endtermin gab es aber für die Stifter einen äußeren Druck, sich zu erklären.

- Zuwendungsbestätigung: Wir wollten/mussten das Geld zur Stiftungsanmeldung nachweisen und brauchten es also auf dem Konto. Einigen der Stifter war es sehr wichtig, dass dann auch für genau dieses Jahr die Zuwendungsbestätigung ausgestellt wird. Diese konnte aber nur durch die Stiftung und nicht durch *eva* ausgestellt werden. Die Stiftung wiederum kann dies erst ab dem Moment tun, in dem sie selber rechtsfähig ist. Der Gründungstermin musste also so gesetzt werden, dass die Anmeldung noch im laufenden Jahr über die Bühne gehen konnte. Der 14. November ergab sich über die Abstimmung mit der Stiftungsaufsicht – da alles vorbereitet war, waren sechs Wochen bis Jahresende ausreichend. Die Anerkennung der Gemeinnützigkeit durch das Finanzamt durfte gerne später geschehen, diese gilt rückwirkend zum Gründungstermin der Stiftung.

Dezember 2003 – Weihnachtsmärchen

Nicht alles lässt sich planen, oft trifft einem der Zufall heftig und unver-hofft: Unser Vorsitzender spricht mit Spendern über eine größere getätigte Spende und erwähnt nebenbei die Stiftung als Möglichkeit für längerfristi-ges Engagement. Kurzerhand wird die Stiftungsbroschüre zugeschickt. Tags darauf, es ist der 22. Dezember und wir schon fast im Weihnachtsur-laub, der Anruf: 250.000 Euro zugunsten *eva's* Stiftung. Wir haben damit einschließlich einiger angefallener Zinsen, rund eine Million Euro auf dem Stiftungskonto.

Ohne eine überzeugende Broschüre und vor allem einem fürs Fundraising engagierten Vorsitzenden, wäre dies nicht möglich gewesen!

4. Laufende Aufgaben

4.1 Rücklauf

Nach jedem Aufruf, sei es das Mailing oder ein Bericht in „schatten und licht" gewesen, kamen Anfragen nach Stiftungsbroschüren oder Zeich-nungsbriefe an. Wichtige Rückmeldungen waren beispielsweise:

- Wann muss ich bezahlen: Die meisten hatten ihr Geld fest angelegt, die 5.000 Euro wurden nicht aus laufenden Erträgen, sondern aus dem Vermögen entnommen. Bei z. B. drei Monaten Kündigungsfrist für Geldanlagen, muss diese Zeit eingeplant sein.

- Notarsadressen: Einzelne Stifter erbaten die Adresse eines Notars bzw. Wirtschaftsberaters, um externen Rat einzuholen. Wir gaben die Adres-sen uns bekannter Notare weiter, welche wir entsprechend auf diese Anfragen vorbereiteten.

- Stifterwand: Unser Angebot, den eigenen Namen auf der Stifterwand zu veröffentlichen (eine in den USA völlig gängige Praxis, dort ist die Größe der Namenstäfelchen oft direkt proportional zur gegebenen Summe), fand nicht den gewünschten Anklang. Christliche Tradition (im Stillen geben) und die Angst vor Publizität („Dann denken die Leu-te, ich wäre reich.") hinderte etwa 40% der Stifter/innen, das entspre-chende Feld im Zeichnungsbrief mit „Ja" anzukreuzen.

- Schlusstermin: Der Endtermin 14. November verdoppelte fast noch einmal das Ergebnis der Sammelphase. Viele Stifter/innen forderten noch einmal die Broschüre an, da sie zwischenzeitlich nicht mehr auffindbar war und waren dankbar für die Erinnerung. Mehrere kamen auch direkt in mein Büro, um mit der Stiftung ein Gesicht verbinden zu können und den Scheck direkt übergeben zu können.

- Themenfonds: Für die Stiftung eines so genannten „Fonds", im Prinzip eines Untervermögens, dessen Erträge gesondert ausgewiesen werden, boten wir die Möglichkeit an, einen Namen zu vergeben und ein Fördergebiet auszuwählen. Ausnahmslos verzichteten die Fondsstifter/innen darauf, ein spezielles Fördergebiet (z. B. Wohnungslosenhilfe) zu wählen und kreuzten das Feld „Alle Förderzwecke der Stiftung" an. Ausnahmen waren nur Beratungsgespräche hinsichtlich einer zukünftigen Testamentsspende, wo die Interessenten explizit Interessen an einzelnen Gebieten äußerten. Fonds konnten übrigens ab 25.000 Euro eingerichtet werden.

4.2 Bedankung

Unsere Strategie war eindeutig: Stiftung ist Chefsache. Das hieß, dass der Vorsitzende von *eva* auf den Briefen erscheint (Ausnahme: Mailing II). Die Dankesbriefe wurden auch von ihm persönlich unterzeichnet, bei persönlich bekannten Stifter/innen natürlich auch persönlich gehalten. Außerdem wurden viele der Stifter/innen auch gleich nach Eingang des Zeichnungsbriefes angerufen. Das war einige wichtige Quelle, um deren Motivation zu erfahren. Der Dankesbrief enthielt auch die Bankverbindung mit der Bitte, den Betrag zu überweisen.

4.3 Zahlungseingänge

Die Zahlungen wurden tagesaktuell erfasst und bedankt. Alle Überweisungen erreichten uns rechtzeitig zur Stiftungsgründung. Lediglich bei vier Stiftern musste noch einmal mit dem Hinweis auf die Notwendigkeit des Mittelnachweises nachtelefoniert werden. Zwei Zahlungen liefen über das Spendenkonto, konnten aber schnell als Irrläufer identifiziert und umgebucht werden.

4.4 Rückmeldungen

Natürlich kommen nicht nur Zeichnungsbriefe, sondern auch viele sonstige Briefe und Anrufe nach einem Mailing an. Einige davon waren durchaus kritisch, z. B. in Hinblick auf die geforderte Summe von 5.000 Euro. Andere wiederum schrieben sehr ausführlich und persönlich, warum sie sich derzeit nicht an der Stiftung beteiligen können. Alle Kontakte wurden lückenlos dokumentiert, evtl. in der Mailingliste für Folgemailings gesperrt und persönlich beantwortet.

5. Gründung

Anmeldung
Die Stiftungsanmeldung verlief mit etwas Nervenkitzel wie geplant. Der Zeichnungsbrief und die Satzung wurden plötzlich als nicht ganz ausreichend angesehen und es stand im Raum, dass wir sämtliche Stifter nochmals anschreiben und um eine Unterschrift bitten müssten. Damit wäre der Gründungstermin bis Jahresende vermutlich Makulatur gewesen. Wir konnten aber gemeinsam eine Lösung finden, um dies zu vermeiden. Am 21. Dezember kam dann der erlösende Brief, dass die Stiftung zum 16. Dezember anerkannt worden ist.

Finanzamt
Der in den Vormonaten gepflegte Kontakt mit den Sachbearbeitern im Finanzamt bewährte sich. Trotz der weihnachtlichen Feiertage erhielten wir die vorläufige Anerkennung der Gemeinnützigkeit in Rekordgeschwindigkeit. Brief von uns ans Finanzamt am 21.12., Rückmeldung per Fax am 30.12. Maßarbeit!

Corporate Design
eva's Stiftung sollte als eigene Rechtsperson auch optisch von *eva* unterscheidbar sein. Wir gaben daher ein eigenes Briefpapier und eine Designlinie in Auftrag. Gleichwohl ist in der neuen Designlinie die *eva* erkennbar. Mutter und Tochter.

Stifterversammlung
Erst in einem späten Zeitpunkt der Gründung, entschieden wir uns, neben Stiftungsrat und Kuratorium auch eine Stifterversammlung in die Satzung

aufzunehmen. Diese bekam zwar keine entscheidenden Befugnisse, aber hat das Recht auf Rechenschaft, Wahl der Hälfte der Kuratoriumsmitglieder und eine jährliche Versammlung.

Unter Fundraising-Gesichtspunkten war die Entscheidung zur Stifterversammlung goldrichtig. Sie ermöglicht eine problemlose Beziehungspflege und erlaubt mindestens einen jährlichen Brief an die Stifter/innen, ohne dass man sich dafür „rechtfertigen" müsste oder aufdringlich wirkt. Denn prinzipiell ist jeder Stifter eingeladen und potentieller Kandidat für eine weitere Zustiftung oder eine Testamentsspende zur Stiftung. Das einmal getätigte „Ja" zur Stiftung schafft eine enge Bindung.

Die Gründungsversammlung fand im März 2004 statt, rund 60% der Stifter/innen nahmen daran teil. In ihren Unterlagen erhielten sie neben den Unterlagen zur Wahl des Kuratoriums (wir hatten vorab nach Kandidaten aus den Reihen der Stifter gefragt) ihre Stifterurkunde, welche von uns gestaltet wurde. Staatsminister Dr. Palmer hielt den Festvortrag, ein schönes (aber preiswertes) Buffet bildete den Abschluss.

Einige Stifter kamen auf mich zu uns sagte, dass die Million zwar sehr schön sei, aber für einen ordentlichen Ertrag noch deutlich mehr Stiftungskapital notwendig wäre! Eine motivierende Aufforderung zum weiteren Fundraising aus den Reihen der Stifter.

6. Nachbereitung

6.1 Controlling

Finanziell setzten wir uns zwei Ziele: 500.000 Euro und spendenneutral zu den regulären Spenden an *eva*. Das erste Ziel verdoppelten wir. Das zweite Ziel erreichten wir ebenfalls (vgl. dazu die *Abbildungen* Spendenverhalten der Stifter/innen in den Jahren 1998 bis 2004).

Das heißt, dass 2003 und 2004 trotz einer Zuwendung an die Stiftung die Spenden durch die Stifter/innen einen hohen Stand erreichten. Einzelne Stifter machen zwar deutlich, dass mit den 5.000 Euro an die Stiftung, die „Verpflichtung" zu Spenden an *eva* vom Tisch sei. Mehrere aber sahen ganz klar die Trennung zwischen dringend benötigten Spenden an *eva* und

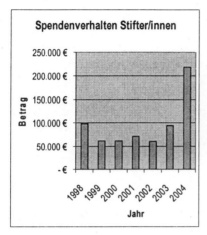

dem langfristigen Engagement bei der Stiftung. Die Stifter/innen haben im Durchschnitt das 20fache ihrer bisherigen Jahresspende als Stiftung gegeben (ohne Großstiftereinfluss: das 15fache) und gleichzeitig mehr als in den Vorjahren gespendet!

6.2 Kosten

Folgende Kosten fielen für die Gründung der Stiftung bis einschließlich der Stiftungsfeier an:

	Broschüre / Flyer
	Auflage 4000 / 6000
	22 Seiten / A4 Wickelfalz
Porto, Kuverts Mailings	3.574,38 €
Grafik, Bilder, Druck Broschüre und Flyer	8.232,38 €
Geschäftspapiere: Grafik, Druck	1.964,52 €
Stiftungsfeier: Catering, Chor, Fotograf	2.640,95 €
Summe	16.412,23 €

Hinzu kommen Personalkosten. Etwa 15% meiner Arbeitszeit habe ich für die Stiftung aufgewendet.

7. Stiftungsalltag

7.1 Gremien

Die Besetzung der Gremien Stiftungsvorstand und -kuratorium muss nach erfolgter Gründung bald geschehen. Eine ausgewogene Mischung aus Stiftern, in Finanzfragen kompetenten Personen, Jung und Alt, Männer und Frauen sorgt dafür, dass ein Kuratorium nicht zum Gralshüter vergangener Tage wird, sondern lebendig Interesse am weiteren Gedeihen der Stiftung hat.

7.2 Geldanlage

Für die Geldanlage ist eine Bank zu suchen, welche Erfahrung in der Anlage von Mitteln für Stiftungen hat. Eine rein konservative Geldanlage z. B. in Staatspapieren führt dazu, dass auf Dauer das Stiftungsvermögen durch die Inflation aufgezehrt wird und die auszuschüttenden Mittel stagnieren.

7.3 Stifterwand

Diese wurde von uns nach Beratung durch einen Innenarchitekten zu einem Stifter-Großbildschirm umgewandelt. Es soll keine „tote" Wand sein, stattdessen wird im Eingangsbereich des Hauses der Diakonie ein Großbildschirm (Plasmabildschirm, 106 cm Diagonale) aufgestellt werden. Unten läuft ein Schriftzug mit den Namen der Stifter/innen, links findet sich ein Feld mit aktuellen Terminen im Haus der Diakonie und rechts bzw. im Hintergrund werden ineinander übergehende Fotos aus der diakonischen Arbeit gezeigt, verbunden mit Texten aus dem Leitbild, Aussagen von Klienten usw. Ein lebendiges Medium passt besser zu einer lebenden Stiftung, als eine statische, geradezu tote Stifterwand. Da doch ein erheblicher Teil der Stifter/innen nicht veröffentlicht werden wollte, wir aber gleichwohl deren Existenz nicht verheimlichen möchten – die große Zahl der Stifter bewerben möchten – wird anstelle deren Namen ein „Danke" erscheinen.

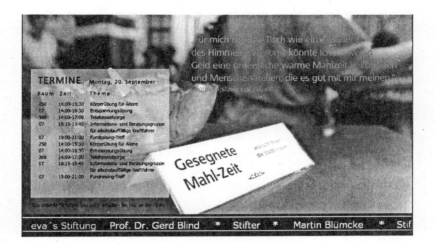

8. Fazit

Der Erfolg von *eva's* Stiftung ruht auf mehreren Säulen:

*   Einerseits ist die jahrelange Beziehungspflege zu den Spender/innen und deren Vertrauen in unsere diakonische Arbeit unabdingbare Voraussetzung für die Stiftung gewesen. Es wurden aber auch Menschen ganz frisch für die Stiftung geworben, ohne dass sie vorher Kontakt mit *eva* gehabt haben. Hier haben wir mit unserem Angebot und der Stiftungsbroschüre offenbar einen Nerv getroffen.

*   Die Überlegungen zur Motivlage der Stifter/innen und die Umsetzung in die Stiftungsbroschüre haben sich bewährt. Viele Gespräche mit Stifter/innen zeigten dies deutlich.

*   Die Hürde von 5.000 Euro war richtig. Eine niedrigere Schwelle hätte zwar mehr Stifter gebracht, die durchschnittliche Stiftung hätte sich aber auch weit niedriger eingependelt. Stifter müssen gefordert werden, eine Stiftung darf nicht zum „Ramschobjekt" für 100 Euro-Spenden werden.

*   Für eine Stiftung benötigt man größere Ziele. Der häufig gewählte Ansatz „erst mal klein mit 50.000 Euro anfangen" ist meiner Meinung nach der falsche Ansatz. Entweder bin ich davon überzeugt, dass eine

Stiftung Geld einwirbt, oder ich lasse es sein. Wenn 50.000 Euro bereits als die große Herausforderung angesehen werden, dann ist eine Stiftung das falsche Medium. Denn nennenswerte Erträge kommen erst bei höherem Stiftungskapital zusammen.

- Die intensive Zusammenarbeit mit dem Vorsitzenden von *eva*, Pfarrer Heinz Gerstlauer, bei Dankbriefen und -telefonaten usw. war höchst hilfreich zum Gelingen der Stiftung.

- Der gesetzte Schlusspunkt 14. November führte zum notwendigen Entscheidungsdruck bei vielen Stiftern. Dies und der ausreichend lange Zeitraum um die notwendigen Mittel gegebenfalls bei der Bank kündigen zu können, trugen zum Erfolg bei.

9. Zukunft

eva's Stiftung darf keine Eintagsfliege gewesen sein. Auch in den folgenden Jahren gilt es immer wieder in den Fundraising-Zirkel einzusteigen:

a) *Ereignisse schaffen:* Gründe finden, um Menschen für unsre Stiftung anzusprechen (Jubiläum von *eva*, 5jähriges Jubiläum der Stiftung, neuer Stiftungsfonds, usw.)

b) *Zielgruppen identifizieren:* Alte und neue Gruppen für die Stiftungswerbung finden.

c) *Broschüre und Angebote modifizieren:* Gibt es Gründe, warum jemand bisher nicht für die Stiftung gegeben hat? Können wir eine Alternative anbieten?

d) *Ansprache starten:* Mailing, Telefonate, Stiftertage usw.

Insbesondere für den Bereich von Testamentsspenden wird *eva's* Stiftung eine wachsende Bedeutung haben, das zeigen erste Gespräche mit Interessenten. Die Kombination Vermächtnis und „auf Dauer geben" ist sehr schlüssig.

Verfasser

Bernd Beyer ist Dipl.-Verwaltungswirt (FH) und arbeitet beim Rechnungsprüfungsamt der Evangelischen Landeskirche in Baden, Karlsruhe.

Kai W. Dörfner ist Dipl.-Soziologe, Fundraiser (FA), Bereichsleiter „Kommunikation – Freunde und Förderer" der Evangelischen Gesellschaft Stuttgart.

Wolfgang Grieshammer ist Geschäftsführer des Diakonischen Werkes Kempten.

Walter Moch ist zuständig für Stiftungsrecht und Nachlaßangelegenheiten im Referat „Recht" der Evangelischen Landeskirche in Baden, Karlsruhe.

Dr. Michael Nüchtern ist Oberkirchenrat des Referates „Verkündigung, Gemeinde und Gesellschaft" der Evangelischen Landeskirche in Baden, Karlsruhe.

Sieglinde Ruf ist Landeskirchliche Beauftragte für Fundraising der Evangelischen Landeskirche in Baden, Karlsruhe.

Dr. Stefan Werner ist Oberkirchenrat des Referates „Gemeindefinanzen, Liegenschaften und Bau" der Evangelischen Landeskirche in Baden, Karlsruhe.

Schwester Mirjam Zahn ist Vermögensverwalterin der Communität Christusbruderschaft Selbitz (CCB) und zuständig für die Stiftung der CCB.

Fundraising und Sponsoring

Chance auch für kirchliches Denken und Handeln

*Herausgegeben von der Evangelischen Akademie Baden
(= Herrenalber Protokolle, Band 107), 3. überarbeitete
und ergänzte Auflage, 74 S., broschiert, 5,50 EUR,
Karlsruhe 2003, ISBN 3-89674-118-7.*

Auch in den Kirchen ist angesichts von Spar- und Kür-
zungsbeschlüssen das Interesse an neuen Formen der
Finanzierung ihrer Aufgaben enorm gewachsen.
„Fundraising" und „Sponsoring" gelten als Alternativen,
um die finanzielle Lage zu verbessern. Einen Einstieg in
das Thema vermittelt das Bändchen „Fundraising und
Sponsoring", das jetzt in einer dritten und überarbeiteten
Auflage vorliegt.

Beiträge von:

Stefan Werner
Alternative Gemeindefinanzierung

Dieter Schöffmann
Fundraising oder: Vermögensentwicklung für die gute Sache

Alfred Jäger
Unternehmerische Konzepte in der Kirche
Thesen zur Zukunft einer Non-Profit-Unternehmung

Dieter Schöffmann
Wie lässt sich Fundraising in die Praxis umsetzen?

Peter Gall
Fundraising an der Basis
Ein Erfahrungsbericht über Chancen einer erfolgreichen Finanzmittelbeschaffung (Fundraising)
in einer Kirchengemeinde

Günther Philipp
Direct Mailing und Spendenmarketing
Ein kritisches Rechenexempel am Beispiel einer sozialen Einrichtung

Kirstin Schiewe
Sozial-Sponsoring: Markt oder Moral?

Ralf Stieber
Fundraising – ein kreativer Impuls nicht nur für Finanzexperten

Martin Kares
Klingende Münze für die klingenden Zimbeln
Finanzierung von Orgelprojekten

Volker Erbacher
Der Spendenbrief

Gerhard Engelsberger
Abkassieren oder Beteiligen – Spenden in der Kirchengemeinde

Bestellungen bitte über den Buchhandel oder die Evangelische Akademie Baden, Postfach 2269,
76010 Karlsruhe, Fax: 0721-9175350, Tel. 0721-9175382 **www.ev-akademie-baden.de**

Sakrale Räume

Kirchenräume im Spannungsfeld
zwischen Tradition, Funktion und Vision

*Herausgegeben von der Evangelischen Akademie Baden
(= Herrenalber Protokolle, Band 114), 51 S., broschiert,
4 EUR, Karlsruhe 2003, ISBN 3-89674-116-0.*

Kirchen sind Orte, wo Menschen sich emotional geborgen und zu Hause fühlen, sie verbinden Ereignisse ihrer Biographie und Erinnerungen. Daher ist verständlich, dass bauliche Veränderungen an und in der Kirche nicht selten Interessenkonflikte auslösen, die mit der hohen Symbolfunktion einer Kirche zu tun haben. Dennoch sind Veränderungen in Zeiten knapper finanzieller Ressourcen, aber auch einer zurückgehenden Zahl von Gottesdienstbesuchern unausweichlich. Dabei müssen liturgische und ästhetische, architektonische und denkmalschützerische Gesichtspunkte in eine Balance gebracht werden.
Die Publikation dokumentiert die Beiträge eines interdisziplinären Workshops der Evangelischen Akademie Baden mit dem Kirchenbauamt der badischen Landeskirche in der Christuskirche Heidelberg.

Beiträge von:

Stefan Werner
Alternative Gemeindefinanzierung

Michael Nüchtern
Kirchen und andere Erlebnisräume
Zum Umfeld von Kirchenrenovierungen und Kirchenumbauten

Klaus Nagorni
Heiliges Zelt oder heiliges Haus?
Zur Theologie des Kirchenraumes

Heide Timm
Hilfe, unsere Kirche wird umgebaut
Probleme beim Umbau von Kirchengebäuden

Hermann Diruf
Kirchen als Denkmal
Gesichtspunkte der Denkmalpflege

Anne Sick
Zur Qualität sakraler Räume
Kriterien für die Renovierung

Hermann Barth
Wie heilig sind unsere Kirchenräume?

Bestellungen bitte über den Buchhandel oder die   Evangelische Akademie Baden, Postfach 2269,
76010 Karlsruhe, Fax: 0721-9175350, Tel. 0721-9175382   **www.ev-akademie-baden.de**

Helmut Strack (Hg.)

Bildung

Beiträge zum 1. Karlsruher Bildungsgespräch

(= Herrenalber Protokolle, Band 117, hg. von der Evangelischen Akademie Baden), 71 S., broschiert, 5,50 EUR, Karlsruhe 2004, ISBN 3-89674-120-9.

Die PISA-Studie und die daraus entstandene Bildungsdiskussion hat die gesellschaftliche Bedeutung von Bildung und die Notwendigkeit der Verständigung über Bildungsinhalte und -ziele wieder ins allgemeine Bewusstsein gerufen. Im Rahmen des 1. Karlsruher Bildungsgesprächs diskutierten Expertinnen und Experten aus unterschiedlichen Theorie- und Praxisbereichen schulischer und außerschulischer Bildung über die Aufgaben von Bildung heute. Das Protokoll dokumentiert ausgewählte Beiträge des Bildungsgesprächs sowie eine Zusammenfassung des Gesprächsverlaufs.

Beiträge von:

Stefan Werner
Alternative Gemeindefinanzierung

Michael Nüchtern
Kirchen und andere Erlebnisräume
Zum Umfeld von Kirchenrenovierungen und Kirchenumbauten

Petra Bahr
Welche Eliten brauchen wir?
Ein paar erweiternde Thesen zur Bildungsdebatte in evangelischer Perspektive

Tom Høyem
Eliten als Teil der Welt

Peter Müller
Bildung, Freiheit und Autonomie

Claus Günzler
Reflexivität als Grundbedingung der modernen Gesellschaft

Bernhard Serexhe
Autonomie der Bildung?
Die medien-ökonomische Entwicklung

Jürgen Rekus
Bildung und Nutzen

Ralf Stieber
1. Karlsruher Bildungsgespräch
Zusammenfassender Bericht

Bestellungen bitte über den Buchhandel oder die   Evangelische Akademie Baden, Postfach 2269, 76010 Karlsruhe, Fax: 0721-9175350, Tel. 0721-9175382   **www.ev-akademie-baden.de**